BEI GRIN MACHT SICH IHR WISSEN BEZAHLT

- Wir veröffentlichen Ihre Hausarbeit, Bachelor- und Masterarbeit

- Ihr eigenes eBook und Buch - weltweit in allen wichtigen Shops

- Verdienen Sie an jedem Verkauf

Jetzt bei www.GRIN.com hochladen und kostenlos publizieren

Bibliografische Information der Deutschen Nationalbibliothek:

Die Deutsche Bibliothek verzeichnet diese Publikation in der Deutschen National-
bibliografie; detaillierte bibliografische Daten sind im Internet über http://dnb.d-
nb.de/ abrufbar.

Impressum:

Copyright © 2014 GRIN Verlag
Druck und Bindung: Books on Demand GmbH, Norderstedt Germany
ISBN: 9783346218803

Dieses Buch bei GRIN:

https://www.grin.com/document/901649

Ralf Dounz-Weigt

Trommelworkshops im Rahmen von Schulsozialarbeit. Percussion im pädagogischen Kontext

GRIN Verlag

GRIN - Your knowledge has value

Der GRIN Verlag publiziert seit 1998 wissenschaftliche Arbeiten von Studenten, Hochschullehrern und anderen Akademikern als eBook und gedrucktes Buch. Die Verlagswebsite www.grin.com ist die ideale Plattform zur Veröffentlichung von Hausarbeiten, Abschlussarbeiten, wissenschaftlichen Aufsätzen, Dissertationen und Fachbüchern.

Besuchen Sie uns im Internet:

http://www.grin.com/

http://www.facebook.com/grincom

http://www.twitter.com/grin_com

Bachelorarbeit

Trommelworkshops für Kinder & Jugendliche im Rahmen von Schulsozialarbeit

-

Percussion im pädagogischen Kontext

zur Erlangung des akademischen Grades

Bachelor of Arts (B.A.)

im Rahmen des Studiums der Sozialen Arbeit

Inhaltsverzeichnis

Verzeichnis der verwendeten Abkürzungen

Abkürzung	Übersetzung	Bedeutung
AfS	Arbeitskreis für Schulmusik e.V.	Bundesweiter Verband von musikpädagogisch Interessierten an Schulen, Gründung 1953
dmtg	Deutsche Musiktherapeutische Gesellschaft e.V.	einer von fünf Berufsverbänden der Musiktherapeutinnen und Musiktherapeuten in Deutschland
GPM	Deutsche Gesellschaft für Projektmanagement e.V.	Deutsches Kompetenznetzwerk von Projektmanagement-Experten unter dem Dachverband der IPMA
IB	Internationaler Bund	Freier Träger der Jugend-, Sozial- und Bildungsarbeit e.V. in Deutschland
ESF	Europäischer Sozialfonds	Arbeitsmarktliches Förderinstruiment der Europäischen Union

Tabelle 1: Abkürzungsverzeichnis

Tabellenverzeichnis

Abbildungsverzeichnis

1 Einleitung

Als ureigenes Element sozialen Handelns und Lernens ist Musik seit jeher verknüpft mit Lernerfahrungen, dem Ausdruck von Emotionen und der gesellschaftlichen Wirkung von Musik. Lange bevor erste, heute für uns alltägliche Techniken, in das Leben der Menschen Einzug halten konnten, war Musik im sozialen Gefüge jedweder Gesellschaften präsent. Als archaischste Form musikalischen Wirkens legen sich Perkussionsinstrumente unter jede in späterer Zeit entwickelte Form von Melodie. Sie bestimmen Takt, Tempo und Intensität nahezu jeder musikalischen Ausdrucksform.

Auch wenn in heutigen Industriegesellschaften das Erlernen eines Musikinstruments in den Bereich guter Bildung fällt, werden im westlich geprägten Kulturkreis perkussive Instrumente, mit Ausnahme des Schlagzeugs, selten gelehrt und gelernt (vgl. Pannes, 2013).

Dabei nutzen Kulturen außerhalb des europäischen Einzugsgebietes über das Studium jeweiliger ethnischer Musikinstrumente die Verbindung zu einer Vielzahl an Wissenschaften wie der Mathematik und Geschichte. Das Erlernen indischer Tabla-Trommeln beispielsweise beinhaltet weit mehr als das reine Erlernen des Instruments und wird deshalb als Bachelor- oder anschließender Masterstudiengang an verschiedenen Universitäten in Indien angeboten[1].

Das Erlernen eines Instrumentes in einer Gruppe, der direkte körperliche Einfluss auf das Instrument und eine klare Rückmeldung an den Körper des Spielers sind nur einige positive Merkmale der Möglichkeiten, die im Bereich der Bildung von Kindern und Jugendlichen soziale Aspekte unterstützen.

Die Liste der Schlaginstrumente ist lang und doch gibt es im Bereich der schulischen Bildung selten die Möglichkeit, die Vorteile der Vielzahl an ethnischen Perkussionsinstrumenten zu genießen. Zu teuer ist allein die Anschaffung von Trommeln für einzelne Schulen. Passende Weiterbildungen für Musiklehrer werden an Schulen in den „neuen Bundesländern" lange nicht in der Vielzahl angeboten, die interessierten Kindern und Jugendlichen eine Abwechslung zum genormten Musikunterricht ermöglichten. Weit entfernt ist die Möglichkeit der Nutzung privater Musikschulen für Kinder und Jugendliche aus finanziell weniger gut situierten Elternhäusern. Dort, wo Pädagog*innen den dringendsten Weiterbildungsbedarf sehen, spielen finanzielle Mittel die größte Rolle. Dabei geht das Erlernen oder Spielen eines Musikinstruments weit über den Wirkungsbereich der Pädagogik hinaus. Im Bereich sozialer Arbeit können intergenerative und integrative Musikprojekte Menschen mit

---

[1]Vgl. hierzu: http://www.emagister.in/b_mus_tabla_courses-ec2671647.htm

weitreichenden Handlungskompetenzen ausstatten. Das Erkennen der Andersartigkeit des Gegenübers, ob nun in Alter, Geschlecht, körperlicher oder geistiger Konstitution, und dessen Anerkennung als Teil der Vielfalt gesellschaftlichen Lebens hält jedem Menschen einen Spiegel vor, der die eigene Reflexion aktiviert. Durch die Auseinandersetzung mit der gesellschaftlichen Vielfalt können Distanz, Ängste und Vorurteile verringert werden. „In Übereinstimmung mit der z.Z. vorhandenen musikpädagogischen und musiktherapeutischen Literatur und den Ergebnissen kulturanthropologischer Forschung zeichnet sich ab, dass Trommelklänge und -rhythmen als urtümliche Möglichkeiten des Ausdrucks- und Kommunikationsverhaltens soziale Situationen ermöglichen, in denen aggressive wie passive Kinder mit Verhaltensstörungen zu einer harmonisierten Einstellung zu sich und ihrer Umwelt gelangen" (Maul, 1986, S. 279). Gemeinsam in einer Gruppe ein Instrument zu erlernen, sich mittels der Musik zu verbinden und gruppendynamische Prozesse musikalisch umzusetzen, bietet Möglichkeiten, die im Bereich der sozialen Arbeit sonst nur in aufwendiger Projektarbeit möglich sind.

Musikpädagogische Ansätze wiederum liefern klare Strategien für die Vermittlung von Wissen über das Instrument, das Erlernen des Instrumentes bis hin zum Lernen des Lehrens selbst. Ebenso spielt hier das Wissen um das Lernen an sich eine Rolle. Im Bereich der Musiktherapie gibt es ebenso interessante Wirkungen, die sich mit dem Musikinstrument Djembé verknüpfen lassen. Dazu wird sich ein Abschnitt dieser Arbeit mit der wissenschaftlichen Analyse von therapeutischen Wirkungen durch die Nutzung von Trommeln und Trommelmusik und der rezeptiven und aktiven Musiktherapie beschäftigen.

Auch sonderpädagogische Ansätze als Teilbereich der allgemeinen Pädagogik setzen bei der Förderung kognitiver und körperlicher Fähigkeiten an. In inklusiv arbeitenden Workshopgruppen kann jederzeit auf besondere Förderbedarfe eingegangen werden, individuelle Hilfen für Menschen mit ganz speziellen Fähigkeiten oder Einschränkungen können durch die Unterstützung sonderpädagogischer Mitarbeiter*innen gezielt umgesetzt werden. In welchem Rahmen dies konzeptionell einfließen kann, wird ebenfalls thematisiert werden.

Anhand der Auswertung eines Fragebogens für Musiklehrer*innen an Schulen in der untersuchten Stadt 1 soll diese Bachelorarbeit wissenschaftlich beleuchten, welche Vorteile die Nutzung der afrikanischen Djembé als Perkussionsinstrument und Erweiterung des schulischen Musikunterrichts im Rahmen von Schulsozialarbeit bietet.

Eine Analyse von erwerbbaren sozialen Fähigkeiten durch die verschiedenen Kontexte musikalischer Bildung legt den Grundstein für eine Auseinandersetzung mit der Konzeptidee, perkussiven Musikunterricht an Schulen in einer Großstadt in

Mitteldeutschland anzubieten. Musikpädagogische, musiktherapeutische sowie sonderpädagogische Ansätze bei der Nutzung perkussiver Musikinstrumente sollen veranschaulichen, welche verschiedenen Gruppen als Zielklientel innerhalb einer konzeptionellen Arbeit angesprochen werden können. Folgend stellt sich die Frage, unter welchen Voraussetzungen ein Trommelworkshop in Stadt 1 es Kindern und Jugendlichen ermöglicht, neue soziale Kompetenzen zu erwerben.

Im konzeptionellen Teil dieser Arbeit wird erarbeitet, wie ein solches Projekt umsetzbar ist. Hierfür wird eine qualitative Befragung erstellt, die an Schulen evaluieren soll, wie ein Workshop für afrikanische Djembé in der Praxis aussehen kann. Gibt es Unterstützungsbedarf im Musikunterrichts an Schulen? Ist ein Workshop im Rahmen von Schulsozialarbeit nach dem Tagespensum eines Lernenden möglich und erwünscht? Sind Schüler*innen motivierbar, an einem freien Angebot teilzunehmen? Alle diese Fragen werden ausgearbeitet und in einer empirischen Untersuchung gestellt und ausgewertet. Außerdem muss die finanzielle Machbarkeit eines solchen Angebots geprüft werden. Welche Kosten werden entstehen, in welchem Rahmen können Fördermöglichkeiten ausgeschöpft werden oder gibt es gar andere Finanzierungsmodelle, die greifen können? Der Erarbeitung eines Konzeptes für die Durchführung von Trommelworkshops mit der afrikanischen Djembé als ergänzende Maßnahme zum Musikunterricht und Schnittstelle zur Schulsozialarbeit und der damit vorangehenden Bedarfsfeststellung bei Lehrenden und Lernenden gilt diese Bachelorarbeit. Folgende Hypothesen bilden die Grundlage für die Auseinandersetzung mit dem Thema dieser Arbeit:

1.) Trommelworkshops für Kinder und Jugendliche sind an Schulen von Lernenden und Lehrenden erwünscht und gewünscht.

2.) Im Rahmen des schulischen Musikunterrichts werden perkussive Musikinstrumente wenig genutzt, Fähigkeiten wie Taktgefühl und Rhythmus sind wenig ausgeprägt.

3.) Das Spielen von Percussion und Trommeln erweitert neben musikalischen und rhythmischen Fähigkeiten auch soziale, kommunikative und Selbstwahrnehmungsfähigkeiten.

4.) Musiklehrer*innen nehmen Trommelworkshops als Erweiterung des Musikunterrichts in Schulen an und unterstützen das geplante Projekt.

5.) Trommelworkshops sind für mehrere Schulen in einer mitteldeutschen Großstadt organisierbar, finanzierbar und durchführbar.

6.) Als rechtlicher Rahmen bietet Schulsozialarbeit die idealen Voraussetzungen für die Durchführung des Projekts.

Aufgrund der Entscheidung, eine möglichst geschlechtersensible Sprache nutzen zu wollen, wird die in der Linguistik als Gender Gap benannte Arbeitsform mit ihrer Variation des Gender-Sternchens genutzt. Wenn möglich, werden Neutralisierungen verwendet. Diese Arbeitsweise wird trotz des höheren Aufwandes als notwendig für die Manifestierung einer geschlechtersensiblen Sprache erachtet. Zitate werden in ihrer Ursprungsform belassen.

2 Percussion im pädagogischen Kontext

Für die grundsätzliche Arbeit am Thema, der konzeptionellen Arbeit sowie der späteren Erstellung und Auswertung eines Fragebogens bedarf es theoretischer Vorarbeit zum Thema Percussion in den unterschiedlichen Kontexten sozialer und pädagogischer Arbeit. Die sehr übersichtlich zur Verfügung stehende Literatur geht auf die Bereiche der Musikpädagogik, der Musiktherapie und der Sonderpädagogik ein. Aus diesen verschiedene Blickwinkeln sollen Vorteile der Arbeit mit Percussion identifiziert werden. Diese sollen in die konzeptionelle Arbeit einfließen und die Basis der durchzuführenden qualitativen Umfrage bilden. Um in die inhaltliche Arbeit übergehen zu können, bedarf es verschiedener Definitionen von im Sprachgebrauch zwar üblichen, jedoch nicht immer eindeutigen Begriffen. Einer der am häufigsten genannten Begrifflichkeiten, auf die ebenso oft Bezug genommen wird, ist das Konstrukt des Rhythmus. Dieses aus der griechischen Sprache entlehnte Wort, welches als Gleichmaß, wörtlich übersetzt „das Fließen" bedeutet, wird im musikalischen Kontext als zeitliche Gliederung eines melodischen Flusses definiert. Dieser ergibt sich aus der Abstufung der Tonstärke, der Tondauer und des Tempos. Die sich im musikwissenschaftlichen Kontext entwickelte Definition beschreibt dieses „Fließen" genauer. Hier wird der Zusammenhang zwischen einem Grundschlag, dem entstehenden Takt, einem daraus folgenden Metrum und der Entwicklung zum Rhythmus klar: ein aus dem zeitlichen Fluss herausstechender, regelmäßiger Grundschlag setzt gleichmäßige Impulse in Abgrenzung zum monotonen Dahinfließen. Die folgende Gruppierung dieser Grundschläge ergibt einen Takt. Mittels einer Betonungsordnung wird daraus ein Metrum erzeugt, hier werden einzelne Töne des Taktes verschieden stark betont. Setzt man über den Takt verschieden Akzentmuster auf das Metrum, entsteht ein Rhythmus. Im Gegensatz dazu ist Rhythmik ein Unterrichtsfach und -prinzip, auch rhythmisch-musikalische Erziehung genannt. Sie umfasst als künstlerisch-pädagogische Disziplin Lernprozesse im motorischen, kognitiven und affektiven Bereich. Es werden Ziele auf den Gebieten der Musikerziehung, der Bewegungserziehung und der allgemeinen Erziehung verfolgt, darunter vor allem Wahrnehmungsschulung und Sozialerziehung. Als integrierte Musik- und Bewegungserziehung nutzt sie die Zusammenhänge und Wechselwirkungen von Musik und Bewegung. Weitere Mittel, die sie einsetzt sind Stimme und Materialien. „Ein spezifisches und altersentsprechendes Spiel- und Förderangebot im polaren Wechselspiel, zum Beispiel von Ruhe und Bewegung, Dynamik (laut – leise), Tempi (schnell – langsam), steckt den methodisch-didaktischen Rahmen ab und wird vom Unterrichtenden für die jeweilige Zielgruppe ausgearbeitet und entwickelt. Entscheidend im Unterricht ist Bewertungsfreiheit und Akzeptanz. Jede Teilnehmerin und jeder Teilnehmer äußert sich in

Musik, Sprache und Bewegung so, wie es ihren / seinen Möglichkeiten in diesem Moment entspricht" (Hirler, 2009, S. 17). Ein weiterer, häufig benutzter Begriff ist der Sammelbegriff der Percussion. Dieser wird in dieser Arbeit in Abgrenzung zum Begriff Perkussionsinstrument bewusst als Anglizismus verwendet. Jegliche Rhythmen erzeugenden Musikinstrumente, welche außerhalb des deutschen Sprachraumes in wesentlich vielfältigerer Art und Weise vorhanden sind, sind hier eingeschlossen. Das Perkussionsinstrument hingegen bezeichnet in dieser Arbeit wenige, ganz im europäischen und vor allem deutschsprachigen Kulturraum angekommene Instrumente, die sich hauptsächlich aus dem Orff-Instrumentarium ergeben: klingelnde Stäbe, Rasseln und Trommeln wie die Djembé. Diese ist aufgrund der vielfältigen Nutzung seit Anfang der 90-er Jahre in Deutschland als vollwertiges Musikinstrument anerkannt. Da in dieser Arbeit hauptsächlich von der westafrikanischen Djembé als Musikinstrument gesprochen wird, scheint eine Vorstellung dieser von Vorteil. Die Djembé ist ein Becherinstrument, deren aus einem Baumstamm geschlagener Korpus einseitig mit einem geschorenen Tierfell, zumeist Ziegen- oder Kuhfell, bespannt ist. Als vollwertiges Musikinstrument nutzbar sind Djemben ab einer Höhe von etwa 50 Zentimetern und mit einem Felldurchmesser von etwa 30 Zentimetern. Bespielt werden Djemben ausschließlich mit den Händen. Ihr Einsatz im pädagogischen Kontext soll im Folgenden genauer beschrieben werden.

2.1 Percussion in der Musikpädagogik

Die Liste der Schlaginstrumente ist lang und doch unterscheiden sich moderne, neuzeitliche Instrumente wie das Schlagzeug im Wesentlichen von vormodernen Instrumenten durch eine Eigenschaft: die Spielweise.

Im Unterschied zum Schlagzeug und dem klassischen Schlagwerk werden Trommeln aus den Kulturkreisen vorindustrieller Gesellschaften hauptsächlich mit der Hand gespielt. Diese direkte Nähe des Musizierenden zum Instrument hat direkte Folgen. So spricht Müller (2003) dem Trommelspiel eine besondere Körperorientierung beim Musizieren zu. Durch das Anschlagen der Trommel würde fast der gesamte Körper in Bewegung versetzt und diese direkte Körpererfahrung, die zudem noch an spürbare rhythmische Abläufe und Tempogestaltung gekoppelt sind, stifte wiederum zur Bewegung an. Räumliche Wahrnehmungen durch unterschiedliche Schlagarten und eventuellen Bewegungsabläufen im Raum bieten ebenso pädagogische Möglichkeiten. Weiterhin kann laut Müller (2003, S. 11) das Erlernen und Spielen einer Trommel „[...] eine spielerische und wirkungsvolle Koordinationsschulung sein. In Verbindung mit Sprache (Laute, Silben, Sätze...die in

Rhythmus und Klang umgesetzt werden) bietet es sich als Methode in der Hör- und Sprachbildung an."

Auch das Trommelspiel in der Gruppe oder mit einem Musikpartner erfordere und erweitere soziale Fähigkeiten. Kommunikation und Interaktion würden laut Müller gefördert, die soziale Verbundenheit der Musiker*in über das musikalische Geschehen an sich gestärkt. Dies würde beim Spielen mehrerer Rhythmen in der Gruppe genauso deutlich wie beim freien, improvisierten Spiel. So fordere rhythmisches Spiel in der Gruppe dazu auf, bestimmte gruppendynamische Plätze einzunehmen, Aufgaben innerhalb der Gruppe und somit auch Verantwortung zu übernehmen. Gleichzeitig sei die Möglichkeit einer Einflussnahme und der Unterstützung anderer jederzeit gegeben und es liege nur am Spielenden selbst, diese zu erkennen und auszuwählen.

Weitere nach Müller genannte Vorteile der Nutzung von Trommeln im musikpädagogischen Bereich werden klar genannt. So ginge das Musizieren mit Trommeln und das Rhythmusmachen leicht von der Hand, Notenkenntnisse würden hierfür nicht gebraucht. Das erleichtere den Einstieg in das Erlernen, das Erfahren und das Üben des Musikinstruments. Der Vorteil, dass es schlichtweg auf jedem widerstandsfähigen Material möglich ist, zu trommeln und somit einfache Perkussionsinstrumente auch selbst herstellen zu können, ist in mehrfacher Hinsicht ein Grund für die soziale Arbeit, sich in musikalischen Belangen mehr auf Perkussionsinstrumente einzulassen.

Beim Erlernen solcher Instrumente können neben der Auseinandersetzung mit grundlegenden Funktionsweisen zugleich auch kulturelle Inhalte einfließen: so können traditionelle Trommeln „[...] von anderen Zeiten, Ländern und Kulturen und auch von unserer Verbindung mit ihnen [...]" berichten. Diesem interkulturellen Ansatz, den auch Müller anspricht, widmet sich ein Absatz innerhalb dieses pädagogischen Bereiches.

Diese genannten Vorteile gegenüber dem klassischen Schlagwerk und selbst den hauptsächlich in der musikalischen Bildung genutzten Orff-Instrumenten sind keine Neuheit. Bereits vor 42 Jahren betonte Antholz die Attraktivität afroamerikanischer Rhythmusinstrumente: „Die Erweiterung des 'offiziellen' Orff-Instrumentariums durch andere Musikinstrumente aus der Jazz- und Tanzmusik ist sehr zu empfehlen (Bongo, Kongatrommeln u.ä.)" (Antholz, 1972, S. 143-144).

Ein weiterer Verweis auf die bereits feste Integration afro-lateinamerikanischer Perkussionsinstrumente findet sich in einer Fülle von Veröffentlichungen zur praktischen Unterrichtsarbeit für Lehrer. Kurse und Workshops als Weiterbildung zu afrikanischer Percussion bilden einen festen Bestandteil des Lehrerfortbildungsangebotes.

Ein Beispiel sind die Aktivitäten des Helbing-Verlages in Zusammenarbeit mit dem

Arbeitskreis für Schulmusik (AfS): dieser bietet einen jährlich stattfindenden, mehrtägigen „internationalen musikpädagogischen Sommerkurs" als Fortbildung für Lehrende an. In deren Informationsbroschüren werden regelmäßig Kurse mit direktem Bezug auf perkussive Inhalte angeboten. Kursüberschriften wie „Musikalische Weltreise - mit Bodypercussion und Trommeln", „ChaChaCha – Percussion für die ganze Klasse" sowie „STOMP in the classroom" zeigen mehr als deutlich eine Entwicklung von schulischem Musikunterricht hin zu einer internationalen Bandbreite an Impressionen und musikalischen Handlungsmöglichkeiten. Nimmt man das Wirken des AfS zum Anlass sich einen Überblick über die bundesdeutsche Verteilung dieser Angebote zu erstellen, fällt auf, dass aufgrund der Entstehung des AfS lange Zeit vor der deutsch-deutschen Wiedervereinigung hauptsächlich im westdeutschen Bereich Fortbildungen angeboten werden.[2] Speziell in Thüringen und Sachsen-Anhalt gibt es keine Fortbildungsmaßnahmen. In Mecklenburg-Vorpommern fand erstmals im Jahr 2014 eine Weiterbildung statt. Ein Entwicklungsbedarf bei der Weiterbildung von Lehrenden, die in den so genannten „Neuen Bundesländern" arbeiten kann an dieser Stelle vermutet werden.

Neben dem Fokus auf die Lehrer*innen ist auch der Blick auf die Schüler*innen sinnvoll. Schütz formulierte schon 1985 eigene Zielperspektiven für den Musikunterricht an Schulen: „Ganz allgemein formuliert sollte die Aufgabe des Musikunterrichts darin bestehen, den Schülern zu helfen, (a) die (historischen und aktuellen) musikalischen Ausdrucksformen anderer Menschen zu verstehen und (b) sich selbst mit musikalischen Mitteln auszudrücken (soweit die im Unterricht erreichbaren Fähigkeiten dies zulassen). Über diesen Weg erst wird eine Erschließung eigener musikbezogener Erfahrungen möglich. Nur so wäre der Aufbau einer Distanz zu der eigenen Rolle als Konsument von Musik zu gewährleisten" (Schütz, 1985, S. 14). Der aus dem Bereich der Rockmusik stammende Pädagoge Schütz befasste sich schon in den frühen 90-er Jahren mit der Einbindung von zeitgenössischer Musik in schulischen Musikunterricht und präsentierte bereits 1984 ein eigenes Unterrichtsmodell zum „rhythmischen Musizieren", dessen Konzeption im Gegensatz zu gängigen Unterrichtsvorschlägen nicht auf die Herstellung eines fertigen Endprodukts abziele, sondern auf den Prozess des aktiven Musizierens. Dies wird unterstrichen durch die Aussage, „Der Rhythmus oder, angemessener ausgedrückt, der Beat, dominiert sämtliche andere Parameter, sei es die Melodik, die Dynamik oder die Klangfarbe (Auswahl der Instrumente, Harmonik)" (Schütz, 1984, S. 353-354).

Die Wichtigkeit von Selbsterfahrungen im Spielen von Instrumenten erkennt auch Müller, welcher den therapeutischen Aspekt von Musik näher beleuchtet. Bei der Selbsterfahrung

---

[2]Vgl. hierzu: http://www.afs-musik.de/landesbereiche.html

des Spielens böten die Musikinstrumente eine Vermittlerrolle zum Gegenüber, die „[...] einen vor-sozialen Kontakt ermöglichen [...]" (Müller, 2003, S.12). Auf diesen Kontext - Nutzung perkussiver Elemente - wird im folgenden Abschnitt genauer eingegangen.

2.2 Percussion in der Musiktherapie

Der in der Musiktherapie gezielte Einsatz von Musik im Rahmen einer therapeutischen Beziehung gilt der Wiederherstellung, Erhaltung und Förderung seelischer, körperlicher und geistiger Gesundheit. Die von der Deutschen Musiktherapeutischen Gesellschaft (dmtg) formulierte Definition lautet: „Musiktherapie ist eine praxisorientierte Wissenschaftsdisziplin, die in enger Wechselwirkung zu verschiedenen Wissenschaftsbereichen steht, insbesondere der Medizin, den Gesellschaftswissenschaften, der Psychologie, der Musikwissenschaft und der Pädagogik. Der Begriff „Musiktherapie" ist eine summarische Bezeichnung für unterschiedliche musiktherapeutische Konzeptionen, die ihrem Wesen nach als psychotherapeutische zu charakterisieren sind, in Abgrenzung zu pharmakologischer und physikalischer Therapie. Musiktherapeutische Methoden folgen gleichberechtigt tiefenpsychologischen, verhaltenstherapeutisch-lerntheoretischen, systemischen, anthroposophischen und ganzheitlich-humanistischen Ansätzen."[3]

In der nach Strobel (1978) als wichtigste praktizierte Form hat die aktive Musiktherapie in nahezu allen Bereichen der psychotherapeutischen und psychiatrischen Behandlung von Menschen Einzug gehalten. Da bei dieser Therapieform die Herstellung der „[...] Fähigkeiten zur Selbstregulation und Selbstaktualisierung des Organismus [...]" (Frohne, 1111, S. 112) angestrebt wird, ist die Instrumentalimprovisation in Einzel- und Gruppentherapie als Methode ein fester Bestandteil. Es entsteht ein experimenteller Charakter, der im Gegensatz zu reproduzierbarem Musizieren freien Raum für Improvisation lässt. Die sich hier herausbildenden Möglichkeiten beschreibt Meyberg (1989) als vielseitig: psychotische, schizophrene, neurotische und psychosomatische Patienten sind Ansprechpartner von Percussion in therapeutischem Kontext. Ebenso kommt die Arbeit Menschen mit geistigen Behinderungen sowie Kindern und Jugendlichen mit geistigen, emotionalen und sozialen Störungen zu Gute. „Für eine Gruppe mit selbstwertgestörten und retardierten Persönlichkeiten kann der „kräftige Gebrauch der Trommel" die Entwicklung des Selbstvertrauens zur eigenen Fähigkeit des Gestaltens fördern. Bei vorwiegend rational orientierten und leistungsbezogenen Persönlichkeiten kann das experimentell, rhythmische

---

[3] Vgl. hierzu: http://musiktherapie.de/index.php?id=18

Spiel auf Trommeln – auch in Verbindung mit anderen Instrumenten – ein Sichlösen aus starren Verhaltensbegrenzungen bewirken, sowie zu einer Erweiterung des Aktions- und Erlebnisradius führen" (Schwabe, In: Meyberg, 1989, S. 26).

Auch rein körperlich lösen sich Spannungen, so Meyberg, diese fließen in das Instrument ein, ein körperlicher Erschöpfungsgrad wird erreicht. Ein gleichzeitig entstehender kreativer Zugang kann genutzt werden, um sich therapeutisch mit den Ursachen der Verspannungen auseinander zu setzen. Mary Pristley, britische Musiktherapeutin und Entwicklerin der analytischen Musiktherapie, berichtet schon 1982 von einer Patientin, die sehr angespannt in eine Therapiestunde kam und mit der sie im Verlauf der Therapiestunde mittels Trommeln das Thema „Ablehnung" improvisierend umsetzte. „Sie trommelte lange Zeit mit rasender Energie und hörte erst auf, als ihr zugegebenermaßen die Arme weh taten, um weiterspielen zu können. Danach war sie dann viel entspannter und konnte ziemlich frei darüber sprechen, von wem sie sich in der Vergangenheit zurückgewiesen gefühlt hatte" (Priestley, In: Meyberg, 1982, S. 26).

Die hierbei genutzten methodischen Ansätze bestechen durch ihre Vielseitigkeit. Angestrebte Ausdrucksformen reichen auf einer Skala von klar strukturierten und vorgegebenen Rhythmen bis hin zu freien Improvisationen und experimentellen Ansätzen der Nutzung der Musikinstrumente. Meyberg beschreibt hier den Mittelweg beschritten durch den methodischen Ansatz der Nordoff/Robbins-Musiktherapie. Diese ging Ende der 50-er Jahre aus der Arbeit mit geistig behinderten Kindern hervor. Die Grundthese von Nordoff und Robbins besagt, dass, wenn Kinder ihr Schlagen auf das Instrument ordnen, sich auch ihr Sein ordnen würde. Kinder wurden an Trommeln zum Spielen ermutigt während ein Therapeut am Klavier Improvisationen spielte. „Indem das Kind die zwanghaften und chaotischen Tendenzen seines Schlagens überwindet und beginnt, sich auf den Grundschlag einzulassen, gewinnt es an Vertrauen" (Maul, 1986).

So tendiert grundsätzlich rhythmisch ungebundenes, experimentelles Spiel mittels Trommeln zu jenen Methoden, in denen ein musikalischer Ausdruck der den Patient*innen innewohnenden Befindlichkeiten auf emotionaler Ebene entspricht. Gruppendynamisch orientierte Spielmuster stehen als methodischer Leitfaden ebenso im Vordergrund wie spontane musikalische und gestische Interaktionen zwischen Patient*in und Therapeut*in.

In der musiktherapeutischen Arbeit speziell mit Kindern erweist sich, so Meybach weiterhin, der vorwiegend experimentelle Umgang mit Percussion und Trommeln als ein wichtiges Element in der Phase des „Vertraut-werdens" und „Sich-öffnens". Der Phantasie der Kinder sind im ersten Aufeinandertreffen mit dem Musikinstrument keine Grenzen gesetzt, wird dieses Verhalten positiv bewertet und verstärkt, gelingt ein schneller Zugang der

Therapeut*innen über das Instrument. Auch musikalisch gelingt dieser Zugang auf experimenteller Ebene. Das Ausprobieren verschiedener Möglichkeiten, einer Trommel Töne zu entlocken, gehört in diesen Bereich. Experimentelle Spiel- und Klangerfahrungen schaffen Voraussetzungen für Körperwahrnehmungen und Sensibilität.

Das Spiel auf den Trommeln leitet Prozesse ein, die auf den gesamten Menschen wirken. Hier lassen sich vor allem in therapeutischer Arbeit psychische und physische Dimensionen nicht trennen. Im Gruppenspiel kommt die Dimension der Interaktion hinzu, welche neben den Blickwinkeln der einzelnen, trommelnden Personen existiert und zu beachten ist.

Meybach beschreibt aber auch ganz konkret weitere Vorteile für die Nutzung von Trommeln im musiktherapeutischen Kontext (1989): er nutzt in seiner Arbeit Congas, südamerikanische Trommeln mit einer im Gegensatz zu anderen Trommeln sehr dicken Schlagfläche. Die für diese Trommeln benutzten Tierfelle oder neuerdings auch Fieberglasspielflächen sind mehrere Zentimeter dick, sodass Kinder, die noch weniger kontrolliert im Umgang mit Musikinstrumenten sind, nahezu keinen Schaden am Instrument verursachen können. Diese Trommeln wecken Aufmerksamkeit bevor noch ein Ton erklingt allein durch ihre Größe und die klar strukturierte Bauweise. Ohne ein Wissen über die Spielweise ist den meisten Kindern sofort klar, dass ein Ton entsteht, wenn die Hände die kreisförmige Felloberfläche anschlagen. Die intuitive Spielweise bietet schnellen Zugang zum Instrument, klanglichen Unterschiede zwischen Fellmitte und Außenrand können Kinder schnell unterscheiden. Eine generelle Klang-Stimulation komme hinzu, so Meybach: „wie Signale schießen die Töne durch den Raum und bilden innerhalb kürzester Zeit ein Geflecht, in das es Spaß macht, sich „einzuklinken"" (1989, S.39). Im Gegensatz zu anderen Musikinstrumenten ist die klar strukturierte Bauweise von Trommeln wie Congas oder Djemben ein elementarer Vorteil im musiktherapeutischen Kontext: die Hemmschwelle zum Instrument ist massiv gesenkt, da sofort die Nutzungsweise und gleichzeitig Minimal- sowie Maximaleinwirkung selbst für Kinder offensichtlich sind. In Zusammenhang mit der direkten körperlichen Bewegung, dem Schlagen der Hände auf das Fell aus den Armen heraus bilden sich Bewegungsabläufe, die den meisten Menschen geläufig sind. Auch ist es schwer beim Spiel einer Trommel etwas „falsch zu machen" - eine Trommel klingt immer. So bietet das Instrument von selbst einen Schutz vor Bloßstellung beim Spiel in der Gruppe (Meybach, 1989). Sich musikalisch zu blamieren sei praktisch nicht möglich.

Die intensive körperliche Erfahrung ist ein weiterer Vorteil für die Arbeit im musiktherapeutischen Kontext. Einerseits ist dies für die Arbeit mit Kindern von Vorteil, da diese noch eher ihrem Körper nahe sind, ihn fühlen und mit ihm agieren. Andererseits ist auch die Arbeit mit Erwachsenen in dieser körperlichen Art und Weise interessant und wichtig, da mit der geistigen Entwicklung, die bei allen erwachsenen Menschen von Grund vorausgesetzt wird, sich das Gefühl zur eigenen Körperlichkeit verändert. In allen Fällen tritt Freude über die körperlichen Erfahrungen des Spürens ein. Da die in musiktherapeutischem Kontext genutzten Trommeln mit den Händen zu spielen sind, entsteht ein direkter Kontakt von der Haut zum Fell. Die Handinnenflächen werden im Laufe des Trommelspiels durch die mehr oder weniger intensiven Berührungen warm, es stellen sich Gefühle des Kribbelns, Prickelns und oft auch Schmerz ein. Die therapeutisch grundsätzliche Funktion der Schmerzvermeidung des Menschen wird hier in interessanter Form gespiegelt. Da diese Erfahrungen in Gruppenarbeiten verbalisiert werden, können Schmerzprozesse bewusstgemacht, akzeptiert und verarbeitet werden. Die Verknüpfung von Schmerz in Verbindung mit körperlicher Anstrengung und musikalischem Ausleben führt zu einem Umgang mit dem erlebten Schmerz, der bei Kindern und Jugendlichen sogar humorvoll sein kann. Das Spüren des eigenen Körpers kann in veränderter Form als positiv angesehen werden.

Neben der körperlichen Wahrnehmung, die sich auf die Hände bezieht, werden auch Arme, die Schultern sowie der Nackenbereich in Zusammenspiel mit der Rückenmuskulatur intensiv in Anspruch genommen. Körperliche Spannungen und Blockaden in diesen Bereichen können durch die intensiven Bewegungen gespürt werden, es kann ein Kontakt zu ihnen entstehen. Durch längeres Trommeln verlieren Spannungen, die im Inneren festgehalten sind, oft ihre blockierende Wirkung und gelangen als allmählich fließende Bewegung nach außen.

Die hier beschriebenen körperlichen, emotionalen sowie geistigen Ebenen, die beim Spiel mit der Trommel angesprochen, (re-)aktiviert und in ihren Ausprägungen verstärkt oder aufgelöst werden, geben in kleinem Rahmen das Potential wieder, das Perkussionsinstrumente nicht nur im Bereich der Musiktherapie besitzen. Da therapeutische Ansätze im Allgemeinen tiefgründiger sind als pädagogische, die breit aufgestellt sind, kann dies nur ein kleiner Einblick in die therapeutische Arbeit mit Trommeln sein. Zudem ist der Hinweis auf eine entsprechende therapeutische Ausbildung elementar. Neben grundständigen BA-Studiengängen werden vielfältige Aufbaustudiengänge als Master-Studiengang angeboten. Zudem existieren eine Vielzahl an privaten Aus- und Weiterbildungen. Trotz anerkannter Studiengänge gehört Musiktherapie nicht zu den Regelleistungen der Krankenkassen in Deutschland. Für Musiktherapeut*innen mit Hochschulabschluss gibt es die Möglichkeit der Approbation zum Kinder- und Jugendpsychotherapeuten. Da der Musiktherapie also kein Abrechnungsschlüssel im Rahmen einer psychotherapeutischen Behandlung vergeben wurde, wird Musiktherapie im

Rahmen der Kinder- und Jugendpsychotherapie angeboten. Ansonsten muss ein*e Patient*in bei der Behandlung durch Musiktherapeuten, die eine eigene Praxis führen, selbst zahlen. Je nach Bundesland ist die Kostenübernahme auch durch die Regierungsbezirke möglich im Rahmen der Eingliederungshilfe für Kinder und Erwachsene, die behindert bzw. von Behinderung bedroht sind, wenn Musiktherapeut*innen eine Approbation der Psychotherapie nach dem Heilpraktikergesetz nachweisen können. Dieser Hinweis auf eine fachliche therapeutische Ausbildung bezieht sich auf nach Recherchen festgestellte, gesetzlich nicht geschützte Berufsbezeichnungen und Konzepte, welche außerhalb selbst komplementärmedizinischer Bereiche agieren.

2.3 Rhythmik und Percussion in der Sonderpädagogik

Als Teilbereich der Allgemeinen Pädagogik beschäftigt sich die Sonderpädagogik mit Menschen, für die ein besonderer Förderbedarf festgestellt wurde und begleitet diese durch individuelle Hilfen, um die Teilhabe an schulischer und beruflicher Bildung sowie Eingliederung sicher zu stellen. Auch soll eine selbstständige Lebensgestaltung sowie gesellschaftliche Teilhabe erlangt werden. In Lebensbereichen, in denen Menschen besonders gefördert werden, ist eine musikalische Bildung oft ein Mittel und oft verwoben mit musiktherapeutischen Ansätzen. Da die Sonderpädagogik mit ihren vielen Unterteilungen einen so immensen Bereich pädagogischer Bildung ausmacht und eine große Zahl an unterschiedlichen Fachrichtungen beinhaltet, muss an dieser Stelle ein kurzer Überblick geschaffen werden, um der Fülle an Ansatzmöglichkeiten gerecht zu werden.

Die Sonderpädagogik kann aufgeteilt werden in den Bereich der körperlichen Behinderungen wie der Gehörlosenpädagogik, der Körperbehindertenpädagogik sowie der Blinden- und Sehbehindertenpädagogik. Ein weiterer Bereich deckt Menschen mit geistigen Einschränkungen ab, die Geistigbehindertenpädagogik hat die Erziehung, Bildung und Rehabilitation von Kindern, Jugendlichen sowie in immer stärkerem Maße von Erwachsenen zum Gegenstand. Des Weiteren wird im Bereich der Sonderpädagogik auf Menschen mit Lernbehinderungen eingegangen sowie der Teilbereich der Pädagogik der Verhaltensstörungen. In diesen verschiedenen Teilbereichen existieren nur wenige aussagekräftige und gleichzeitig wissenschaftliche Arbeiten zum speziellen Kontext der rhythmischen Percussion. Diese wenigen - jedoch durchaus strahlenden Perlen pädagogischer Arbeit im Kontext perkussiver Einbindung - geben Aufschluss über die Vielseitigkeit der Einsatzgebiete und der durchgehend positiven Reaktion von Kindern und Jugendlichen.

Bereits 1986 schreibt der schon einmal zitierte Peter Maul den Bericht „Überwindung von Verhaltensstörungen durch polyrhythmische Percussion" des Projekts „Heilpädagogische Förderung durch Musik". Dieses von der FH Düsseldorf initiierte Projekt des Fachbereich Sozialpädagogik begann im Wintersemester 1984/1985 und beschäftigte sich mit den Problemen, die durch die jeweiligen Sinnes-, Körper-, Sprach- und Intelligenzschäden bei behinderten Kindern und Jugendlichen entstehen. Diese, so Maul, zeigen sich in unangepasstem aggressivem Verhalten oder in zurückgezogener Passivität.

Durch die Nutzung von rhythmisch-musikalischem, instrumentalem Spiel auf Trommeln sollen folgende von der Forschungsgruppe festgesetzten Ziele erreicht werden: „Aggressiven Kindern und Jugendlichen wird Raum und Zeit gegeben, ihre hyperaktive Motorik an den Congas [...] abzureagieren, um zu koordinierten sozialen Aktionen und Erlebnissen zu finden. Passive, resignierende und kontaktarme Kinder und Jugendliche erhalten die Möglichkeit, über den „Klang" der mit Schlegel gespielten Doppelfell-Trommel Außenreize aufzunehmen, sozial zu reagieren und lebendiger zu agieren [Hervorhebungen im Original]" (Maul, 1986, S.277).

Dieses Förderprojekt wurde an vier Düsseldorfer Sonderschulen für lern-, geistig-, körperbehinderte und verhaltensauffällige Schüler*innen gestartet und umgesetzt. Dabei wurden in zwölf Klassen und Therapiegruppen einmal pro Woche insgesamt 70 Kinder von 18 Student*innen betreut, die sich ebenfalls einmal pro Woche selbst in den theoretischen Grundlagen, Trommelschlagtechniken und Spielmöglichkeiten weiterbilden konnten. Als Zielstellung sollten perkussive Techniken und Methoden gefunden und erprobt werden, die diagnostizierte Verhaltensauffälligkeiten bei   lern- sowie körperlich und geistig oder verhaltensauffälligen behinderten Kindern und Jugendlichen positiv beeinflussen. Je nach Schulform wurden verschiedene Arbeitsweisen entwickelt, um den unterschiedlichen Anforderungen gerecht zu werden. Zum Start des Projekts in einer Schule für Lernbehinderte wurden so drei Förderungsschwerpunkte herausgebildet. In Kleingruppen sollten die Schüler*innen in den Bereichen „soziales Verhalten", „auditive Wahrnehmung" und „Sensomotorik" gefördert werden. Genutzt wurden hierfür Conga-Trommeln und die musikalische Kommunikationsweise „social drumming", in der im Kleingruppenspiel zwischen 3 und 5 Kinder und Jugendliche gemeinsam bis zu 40 Minuten den vorgegebenen Rhythmus spielen und lediglich leicht verändern. Interessant ist, dass zu der Zeit in dieser Schule eine hohe Anzahl von türkisch stämmigen Kindern lernten, die aus soziokulturell benachteiligten Familien kamen. Das Einbringen von rhythmischen Rezeptions- und Bewegungsmöglichkeiten aus dem eigenen Kulturkreis führte letztendlich zu starkem Interesse an der Teilnahme am Projekt. Innerhalb kurzer Zeit bildeten sich zwei

Gruppen von Schüler*innen heraus, die ihrerseits zwar getrennt einerseits einen Tambour-Trommel-Chor mit hauptsächlich europäisch stämmigen Besuchern, andererseits einen arabischen Darabuka-Trommel-Kreis mit hauptsächlich türkisch stämmigen Lernenden gründeten, die sich jedoch gegenseitig immer wieder in anerkanntem Zusammenspiel trafen. Im Ergebnis, so Maul (1986), konnte sowohl eine Kompetenzerweiterung bei den Student*innen festgestellt werden als auch eine Verbesserung von Verhaltensweisen und Reaktionen der Lernenden im Klassenalltag beobachtet werden. Zudem wurde bei den Lehrenden die Einsicht festgestellt, Musik nicht nur als Lernziel zu sehen sondern auch der sozial- und heilpädagogischen Komponente Rechnung zu tragen.

Die in der Schule für Erziehungshilfe umgesetzte Struktur zielte vorrangig auf die Verbesserung des sozialen Verhaltens ab. Auch hier wurde in Kleingruppen und vorrangig mit Conga-Trommeln gearbeitet. Diese wurden zu Beginn jeder Förderstunde zum „Prügelobjekt", „[...] um aufgestaute Aggressionen erlaubterweise motorisch und akustisch loszuwerden. Hier ist Raum gegeben für Verhaltensweisen, die normalerweise nicht erwünscht sind" (Maul, 1986, S.280). Die hier durch das Miteinander spielen entstandenen Ergebnisse zeigen einen klaren Erfolg des Konzeptes auf. So begannen die Schüler*innen nach kurzer Zeit ohne verbale Aufforderung, Rhythmen mitzuspielen und fragten selbstständig nach der Vermittlung von Anschlagtechniken und Rhythmusmotiven. Das zunächst unstrukturierte und laute Schlagen ersetzte das Miteinanderspielen und wurde für die Schüler immer wichtiger und befriedigender.

Für die im Projekt betreute Schule für geistig Behinderte Kinder und Jugendliche wurde ein weiteres Programm konzipiert. Hier wurden hyperaktive Kinder durch ruhiges Spiel auf einer großen Doppelfelltrommel (Basstrommel) in monotone und damit beruhigende Rhythmen hineingezogen. Diese wurde vom betreuenden Studenten gespielt. Nach einigen Minuten nahmen die Schüler*innen am gespielten Rhythmus teil und dies konzentriert und ausgesprochen zeitlich ausgedehnt. Ausgedehnt auf kleine Gruppen von Schüler*innen entwickelte sich auch hier ein konzentriertes Spiel, selbst bei leichten Veränderungen des Rhythmus. Neben dem Hauptaugenmerk, der positiven Veränderung des Sozialverhaltens, bleiben die Förderung von Konzentration, Wahrnehmung und Motorik innerhalb des Projekts nicht unbeachtet. Auch eine Schule für Körperbehinderte konnte für die Durchführung des Projektes gewonnen werden. Hier wurde mit normal begabten und schwerst mehrfach behinderten Kindern ebenfalls in Kleingruppen gearbeitet. Da die Bewegungsmöglichkeit vieler Schüler eingeschränkt war, mussten unterschiedliche Trommeltechniken unter Einsatz verschiedener Schlaginstrumente genutzt werden. Die Ziele und Vorgehensweisen unterschieden sich jedoch nicht wesentlich. Die Kinder nahmen passiv oder aktiv teil. Besonders hervorzuheben sind hier mitunter außergewöhnlich lange Spiel- und Erlebnisphasen bei den Schüler*innen.

Auch Schulen für Hör- und Sprachbehinderte sollten im Verlauf des Projektes einbezogen werden. Maul meint hier, dass sich interessanterweise gerade hörbehinderte Menschen um musikalische Eindrücke bemühen. Diese können über Resthör- oder taktiles Empfindungsvermögen erreicht werden. Unterschiedliche Frequenzen und Vibrationen können im Körper in den Knochen und Hohlräumen im Körper sowie in den Handflächen und Fußsohlen gespürt werden. Zwar sind diese taktilen und vibratorischen Wahrnehmungen bei allen vorhanden, für Menschen mit Hörbehinderungen sind sie aber von besonderer Bedeutung, da der Primärsinn für akustische Reize eingeschränkt oder ausgeschaltet ist. Im beschriebenen Projekt wurde passenderweise mit großen Basstrommeln gearbeitet. Als Ziele werden die Aktivierung rhythmischen Vermögens sowie die Herstellung von Bewegungs- und Atemfluss angestrebt. Nach Maul leiden fast alle hör- und sprachbehinderten Kinder an schweren Rhythmusstörungen und einer Störung des Atemrhythmus.

In diesem Zusammenhang ist an dieser Stelle das Bachelor-Desin-Projekt „Feel the music" der Züricher Hochschule der Künste zu erwähnen. Im Rahmen des Interaction Design Programm gehen Jonas Kaufmann und Gabriel Süss (2010) der Frage nach, wie Musik auf dem Medium Körper fühlbar gemacht werden kann. Ziel ist es, ein Gerät zu entwerfen, mit dem gehörlose Mitmenschen die Möglichkeit bekommen sollen, Musik am ganzen Körper fühlen zu können, um diese Erfahrungen beispielsweise bei einem Besuch in einer Diskothek in Form von Tanz umsetzen zu können. Dies soll hauptsächlich über Rhythmusstrukturen erfolgen. Somit ist hörgeschädigten Menschen ein direkter Zugang zu populärer Musik möglich. Ebenso wichtig wird hier der soziale Kontext hervorgehoben, in dessen Veränderungen sich Menschen, die oft Kreisen ähnlicher körperlicher Einschränkungen angehören, neuen Erfahrungen widmen können. Auch in der pädagogischen Arbeit mit blinden Kindern und Jugendlichen haben musikalische Inhalte einen besonderen Stellenwert. Seit der Entstehung von Blindenschulen wird auf die Musikerziehung besonderer Wert gelegt. Zurückzuführen ist dies nach Staupendahl (1998) auf die traditionsreiche Verbindung Blinder mit Musik. „Die Blinden haben sich zu aller Zeit, auch lange bevor es Blindenanstalten gab, mit der Musik beschäftigt; den einen war sie eine Quelle geistigen Genusses und seelischer Erhebung, den anderen ein Mittel des Erwerbs" (Mell, 1900, S.521).

Passende Publikationen in Bezug auf Percussion mit Blinden, womöglich noch jene mit

Trommeln, konnten nicht gefunden werden. Es existiert zwar eine Vielzahl an Projekten, Musikschulen und pädagogischen Mitarbeiter*innen an Schulen für Blinde, die diesen Kontext aufgreifen - wissenschaftliche Abhandlungen oder Studien konnten jedoch nicht gefunden werden.

3 Konzeptionelle Arbeit

Für die Entwicklung eines Konzepts zum Projekt „Trommelworkshops für Kinder und Jugendliche im Rahmen von Schulsozialarbeit in einer mitteldeutschen Großstadt" bedarf es einer Konzeptstruktur, die alle wesentlichen Pfeiler des Projekts in sich trägt. Diese wird in vier Teilen erarbeitet werden.

Im ersten Punkt des Bereiches der konzeptionellen Arbeit soll beschrieben werden, warum es sinnvoll ist, das Projekt im Rahmen von Schulsozialarbeit durchzuführen. Hier wird das Grundkonzept vorgestellt, die Aufgaben und die mögliche Verknüpfung mit dem Projekt.

Im weiteren Verlauf wird eine genaue Analyse der Zielgruppe erstellt. Es wird veranschaulicht, für welche Kinder und Jugendliche das Konzept nutzbar ist, welche Erfahrungen des Autors einfließen und schlussendlich für welche Gruppe von Kindern und Jugendlichen die Trommelworkshops ein im pädagogischen Kontext wichtiges Angebot ist.

Für die genaue Planung der Kosten wird im dritten Bereich der konzeptionellen Arbeit eine Übersicht geschaffen, die ermitteln soll, welche Kosten wie finanziert werden können. Verschiedene Finanzierungsmöglichkeiten werden vorgestellt und differenziert betrachtet.

Beim letzten Teil, der Umsetzung, soll eine Detailplanung angeschnitten werden. Die in Projektplanungen üblichen Unterpunkte Projektierung, Kommunikation und wissenschaftliche Erhebung sollen besprochen werden, um in diesen alle wichtigen Punkte anzusprechen, die für die Durchführung des Projekts nötig sind. Ziel ist es, die konzeptionelle Arbeit des Projektes so weit voran zu bringen, dass nach Beendigung dieser Bachelorarbeit dieses Projekt durchführbar und finanzierbar ist. Mit diesem Teilbereich der Bachelorarbeit soll die reale Durchführung des Projekts auf den Weg gebracht werden.

Das Projekt „Trommelworkshops für Kinder und Jugendliche im Rahmen von Schulsozialarbeit in einer mitteldeutschen Großstadt" soll im ersten Schritt für die Dauer von einem Schuljahr realisiert werden. Mittels der in dieser Bachelorarbeit erhobenen Daten an verschiedenen Schulen in der mitteldeutschen Großstadt soll eine Auswahl an Schulen getroffen werden, an denen das Projekt durchgeführt wird. Hierbei soll, wie in der Zielgruppenanalyse beschrieben, mit Gymnasien, Sekundarschulen sowie Grundschulen zusammengearbeitet werden. Je Schule soll es zwei Kurse geben. Einer der beiden Kurse soll aus Schüler*innen bestehen, die grundsätzlich eigenständiges Interesse an der Teilnahme am Projekt haben, gute Schulleistungen vorweisen und bisher durch möglichst keine Auffälligkeiten in der Schule in den Vordergrund getreten sind. Den Lernenden soll die Möglichkeit gegeben werden, ihre bisherigen, auch musikalischen Fähigkeiten und

Leistungen, auszuleben und weiter zu verbessern. Die zweite Gruppe soll aus Schüler*innen bestehen, denen die Musiklehrer*innen die Teilnahme aufgrund von fehlenden Fähigkeiten im Bereich Rhythmus und Taktgefühl nahegelegt haben. Diese Schüler*innen können eventuelle Verhaltensauffälligkeiten, die in der Schule beobachtet worden sind, mittels des Lernens an den Musikinstrumenten, reflektieren. Für das Projekt an den fünf Schulen bedarf es bei zehn teilnehmenden Schüler*innen pro Kurs zehn Djemben, einen Satz Basstrommeln sowie einen Satz Kleinpercussion. Das Kapitel 1.3.3 Kostenplanung wird dies näher beschrieben. Die Musikinstrumente sollen für die an jeder Schule durchgeführten zwei Kurse innerhalb der Schule gelagert werden. So ist ein hoher Kostenaufwand für den Transport zu vermeiden. Im Rahmen der Erstgespräche mit den Schulen soll auch der zeitliche Rahmen eingeschränkt werden. Die in der Umfrage dieser Bachelorarbeit ausgewerteten Schulzeiten können bestmögliche Zeitpunkte für die Kurse aufzeigen. Die Finanzierung des Projekts soll größtmöglich über Fördergelder erfolgen. Inhaltlich wird dies im Punkt 1.3.3.2 beschrieben sein.

Neben der Durchführung der Kurse soll es eine wissenschaftliche Erhebung geben, die die Entwicklung der Fähigkeiten der Kinder und Jugendlichen im schulischen Bereich beobachtet. Auch die Entwicklung von Verhaltensauffälligkeiten von Schüler*innen soll beobachtet werden und ein möglichst direkter Zusammenhang zwischen der Verbesserung von Rhythmus und Taktgefühl sowie der Verringerung von Auffälligkeiten hergestellt werden.

3.1 Schulsozialarbeit in der mitteldeutschen Stadt

Das Handlungsfeld der Schulsozialarbeit ist nach SGB VIII eingebettet in den Bereich der Jugendsozialarbeit (§13 SGB VIII). Die professionell durchgeführte Sozialarbeit mit Kindern und Jugendlichen an Schulen soll nach §13 Absatz 1 SGB VIII zum Ausgleich sozialer Benachteiligung oder zur Überwindung individueller Beeinträchtigungen beitragen. Es „[...] sollen im Rahmen der Jugendhilfe sozialpädagogische Hilfen angeboten werden, die ihre schulische und berufliche Ausbildung, Eingliederung in die Arbeitswelt und ihre soziale Integration fördern".

In der zu untersuchenden gibt es derzeit fünf Träger und Vereine, die Schulsozialarbeit an Schulen anbieten. Hinzu kommt eine Schule, deren Schulsozialarbeiterin über das Kultusministerium als pädagogische Mitarbeiterin angestellt ist.

All diese Vereine und Träger bieten zu diesem Zeitpunkt an exakt 33 Schulen mittels Sozialarbeiter*innen oder Sozialpädagog*innen Schulsozialarbeit an.

Aufgrund der vielfältigen Trägerstruktur in der Stadt können Schüler*innen an Grundschulen,

Sekundarschulen, Integrierten Gesamtschulen, einem Gymnasium und an Förderschulen pädagogisch unterstützt werden. Diese Unterstützung ist gekennzeichnet von Aktivitäten, „[...] die dazu geeignet und darauf ausgerichtet sind Konflikte, Benachteiligungen und Diskrepanzen bei SchülerInnen, Eltern und LehrerInnen in der Schule mit sozialpädagogischen Methoden abbauen zu helfen" (Spielwagen e.V., 2014). Des Weiteren sind die Schulsozialarbeiter*innen Ansprechpartner, Ratgeber und Helfer für Schüler*innen in Konfliktsituationen. Ihre Rolle als diplomatische Interessenvertreter der Schüler*innen gegenüber der Schule, den Eltern und dem Jugendamt üben die Schulsozialarbeiter*innen ebenfalls im Bereitstellen einer Vielzahl an Angeboten aus, die die Selbstkompetenz, die Gruppenfähigkeit und das Verhalten in Konfliktsituationen der Schüler*innen verbessert und reflektiert.

Untergliedert ist die Arbeit in der Schulsozialarbeit in drei inhaltliche Themen:

- Abbau und Vermeidung von Schulunlust, Schulfrust, Schulbummelei und Schulverweigerung
- Entwicklung sozialer Kompetenzen, Stärkung des Selbstwertgefühls und Selbstvertrauens, Verbesserung der Kommunikationsfähigkeit
- Förderung des Demokratieverständnisses durch konkretes demokratisches Handeln und Übernahme von Verantwortung

Im ersten Punkt, der Vermeidung von Schulverweigerung, gehen Sozialpädagog*innen auf entstehende Konfliktsituationen ein, handeln präventiv und intervenieren. Einzelfallgespräche und Beratungen in Zusammenarbeit mit Lernenden, den Eltern und der Familie sowie eventuell beteiligten Institutionen auf der einen Seite und der niederschwelligeren Belebung des Schulklimas auf der anderen Seite sind hier Teil des Wirkens. Hier sollen Pausen- und Freizeitaktivitäten angeboten werden, Spiele entwickelt und genderbezogene Projekte ermöglicht werden. Im Zusammenhang mit dem zweiten Punkt, der Entwicklung sozialer Kompetenzen, ist hier schon absehbar, dass dieses Projekt ideal in den strukturellen Rahmen der Schulsozialarbeit eingebunden werden kann. Die im Bereich „soziale Entwicklung" beschriebene außerschulische Bildungsarbeit, schulische und außerschulische Gruppenangebote in Form von Kooperation mit Partnern ist direkt zugeschnitten auf dieses Projekt.

Über diese Kooperation mit den Schulsozialarbeiter*innen an der jeweiligen Schule bekommt die Durchführung des Projekts einen rechtlichen und organisatorischen Rahmen. So ist es vor Beantragung etwaiger Fördergelder notwendig, die genaue Anzahl an Schulen festzustellen, die nicht nur gewillt sind, Teilnehmer des Projekts zu werden, sondern auch die nötigen Voraussetzungen schaffen, um das Angebot für die Schüler*innen nutzbar zu machen.

Notwendige Voraussetzungen in Absprache mit der Schule sind:

- Nutzung eines Raumes im Schulgebäude
- zeitliche Absprachen im Nachschulbereich
- Bewerbung des Projekts im Musikschuluntersicht
- Bewerbung der Projektidee im Lehrerkollegium
- eventuelle Nutzung eines Lagerraums für Musikinstrumente

Aufgrund der genannten Sonderposition der Schulsozialarbeiter*innen an den Schulen ist die Herstellung der grundsätzlichen Voraussetzungen viel eher möglich oder zumindest kommunizierbar als einer der Schule außenstehende Person. So ist auf der einerseits nicht nur günstig für das Projekt und die Schule, sondern andererseits unbedingt notwendig, die Mitarbeiter*innen der Schulsozialarbeit vom Projekt zu begeistern und eine Mitarbeit zu erwirken.

Neben der Auseinandersetzung mit den Lehrer*innen und den Mitarbeiter*innen der Schulsozialarbeit beschäftigt sich der kommende Abschnitt mit den Kindern und Jugendlichen, die dieses Projekt besuchen sollen und wollen.

3.2 Zielgruppenbeschreibung & Analyse

Für die Durchführung des Projektes bedarf es einer konkreten Anzahl an Teilnehmer*innen. In diesem Falle sollen mit dem Angebot des Trommelkurses Kinder und Jugendliche angesprochen werden, die die Schule, in der der Kurs stattfindet, besuchen. An dieser Stelle muss ermittelt werden, welche Gruppen von Schüler*innen angesprochen werden sollen.

Aufgrund der langjährigen Erfahrungen des Autors dieser Arbeit mit verschiedenen Angeboten im Bereich Percussion und der Vermittlung an Kinder und Jugendliche ist das Erstellen einer Altersgrenze elementar. Die geistige und körperliche Entwicklung von Kindern beinhaltet auch die Entwicklung von rhythmischen Fähigkeiten, derer es bedarf, um an einem perkussiven Musikangebot teilnehmen zu können. In Zusammenhang mit den drei typischsten Schulformen in der zu untersuchenden Stadt, den Grundschulen, den Sekundarschulen und den Gymnasien, bildet sich hier eine grundlegende Struktur heraus. An jeder dieser Schulformen soll das Angebot durchgeführt werden können. Je älter die Schüler*innen der jeweiligen Schulform, desto weiter vorangeschritten ist deren geistige und körperliche Entwicklung. Somit scheint es günstig, an Grundschulen das Projekt in der Klassenstufe vier, also ab einem Alter von zehn Jahren, anzubieten. An Sekundarschulen, in denen Schüler*innen durchschnittlich bis zu 18 Jahren alt sein können, sollen Jugendliche ab 14 Jahren am Projekt teilnehmen. Ebenso soll dies an Gymnasien gestaltet sein. Der ausdrückliche Wunsch, Schüler unterschiedlichen Alters zusammen zu bringen, soll auch in einer weiteren Differenzierung der Gruppen Ausdruck finden. So sollen auf der einen Seite Schüler, die selbst interessiert sind, Trommeln zu lernen, gute Fähigkeiten im Bereich Taktgefühl und Rhythmus besitzen und durchschnittlich bis sehr gute Noten für ihre schulischen Leistungen bekommen, das Projekt nutzen können, um ihre Fähigkeiten nutzen und ausbauen zu können. Hier steht das Projekt als musikalisches Mittel im Vordergrund. Im Gegensatz zum Fähigkeiten-basierten Blickwinkel muss auch dem bedarfsorientierten Blick genüge getan werden. So soll an jeder Schule eine zweite Gruppe entstehen, in der Schüler mit Verhaltensauffälligkeiten aufgrund der Empfehlung der Lehrer und Schulsozialarbeiter*innen teilnehmen. Hier kann das Projekt als Möglichkeit gesehen werden, Fähigkeiten zu entwickeln, Emotionen einen Ausdruck zu verleihen und, in Zusammenarbeit mit den Schulsozialarbeiter*innen, einen an dieser Stelle musikalischen Ansatz zu entwickeln, um dem Schüler neue Verhaltensmöglichkeiten aufzuzeigen und vorhandene Fähigkeiten besser nutzen zu können. Außerdem soll die Gruppengröße auf maximal zehn Kinder und Jugendliche festgelegt werden. Die Wissensvermittlung bei Gruppengrößen oberhalb von zehn Personen gestaltet sich aus Erfahrung schwieriger, je mehr Personen hinzukommen. Weitere Kriterien wie das Geschlecht oder ethnische Zugehörigkeit sollen keinen Einfluss auf die Einteilung in eine Gruppe haben. Die jeweiligen Gruppen sollen außer ob der grundsätzlichen Ausrichtung möglichst bunt gemischt sein.

Eine Übersicht über die Möglichkeit der Gruppenaufteilung soll in der folgenden Tabelle dargestellt werden.

Fähigkeiten-basiert	Bedarfs-orientiert
• Kinder die interessiert am Projekt sind, das Instrument lernen wollen • keine Verhaltensauffälligkeiten in der Schule • nicht unbedingt vom Lehrenden empfohlen oder angehalten teilzunehmen	• Kinder haben grundsätzliches Interesse an Trommeln • Lehrer*innen und Eltern empfehlen Teilnahme als Auseinandersetzung mit Verhaltensauffälligkeiten in der Schule
• Grundschule 4.Klasse	

Fähigkeiten-basiert	Bedarfs-orientiert
	• Sekundarschule 7.-10.Klasse
	• Gymnasium 7.-12.Klasse

Tabelle 2: Gruppenaufteilung an Schulen

Bei der Festlegung von zwei Grund- und Sekundarschulen sowie einem Gymnasium ergeben sich insgesamt zehn Kurse. Bei einer Kursgröße von je zehn Kindern und Jugendlichen ergibt sich eine Teilnehmeranzahl von 100 Teilnehmern. Diese Grundgröße an Teilnehmern lässt sich, je nach Möglichkeit der Förderung, vervielfachen. Für die folgende Kostenplanung wird mit zehn Kursen gerechnet.

3.3 Kostenplanung & Finanzierungsansätze

Für die Durchführung eines solchen Projektes ist die Planung und Sicherung der Finanzierung ein Grundpfeiler. In den kommenden Unterpunkten soll geklärt werden, welche Kosten entstehen und wie diese finanziert werden können. Auch hier wird lediglich eine kurze Übersicht geboten, die Erstellung eines vollständigen Konzeptes für die Beantragung von Fördergeldern muss gesondert erfolgen. Die hier angebrachten Punkte dienen dem potentiellen Konzept als Basis.

3.3.1 Kostenplanung

Die Planung der Kosten für das Projekt „Durchführung von Trommelworkshops für Kinder und Jugendliche im Rahmen von Schulsozialarbeit in einer mitteldeutschen Großstadt" wird in drei Bereiche untergliedert. Im ersten Unterpunkt werden notwendige Materialien für das Projekt besprochen. Hier wird eine Übersicht der Kosten für Literatur, der bereitzustellenden Musikinstrumente sowie die für eine wissenschaftliche Analyse notwendigen Büromaterialen erstellt.

Im zweiten Bereich werden personelle Aufwendungen für die vorerst geplanten zehn Kurse an fünf Schulen berechnet. In diesem Bereich wird konzeptionell von einer Lagerung der Instrumente an den maximal fünf teilnehmenden Schulen ausgegangen.

Im dritten Teil soll konzeptionell von mehr Mobilität ausgegangen werden. Mehr als fünf Schulen werden am Projekt teilnehmen, die Gesamtrechnung wird anders aufgestellt und in der Kostenrechnung „Mobilität" zusammengefasst.

Das Material, welches für das Projekt benötigt wird, gliedert sich ebenfalls in drei Bereiche: Literatur, Musikinstrumente sowie wissenschaftliche Erhebung und Auswertung.

Materialien – Literatur

Für die Durchführung des Projektes wird eine Auswahl an passenden Büchern notwendig sein, um eine Reihe von Fähigkeiten bei der ausführenden Person entwickeln und weiterbilden zu können. So bedarf es einerseits an Büchern, die sich mit der Vermittlung afrikanischer Rhythmen und Trommeltechniken beschäftigen, andererseits müssen musikpädagogische Inhalte vermittelt und weitergebildet werden. Die folgenden Bücher haben sich bei den Recherchen für diese Bachelorarbeit als besonders wissenswert erwiesen. Zudem wird es im Zeitrahmen des Projektes zu einer Erweiterung der bisher bekannten Literatur mit DVD und CD-Material kommen.

Autor	Titel	Kosten	ISBN
Heinrich Klingmann	Groove – Kultur – Unterricht Studien zur pädagogischen Erschließung einer musikalischen Praktik	34,80 €	978-3-8376-1354-4
Wolfgang Meyberg	trommelnderweise Trommeln in Therapie und Selbsterfahrung	27,80 €	3-9801661-55
Elmar Müller	Das TROMMEL ErlebnisBuch	17,99	3-7698-1225-5
Uschi Billmeier	Mamady Keita Ein Leben für die Djembé	32,90 €	3-927940-61-5
Wolfgang Kroh	Die große Schule für Djembé & DUNDUN	22,60 €	978-3940533135
Alexander Kästli	Djembé-Spiel: Schule für Anfänger/Fortgeschrittene	22,95 €	978-3899220827

Tabelle 3: Übersicht: Kosten Projektliteratur

Die Gesamtsumme der benötigten Literatur ergibt einen Betrag von 159,04 Euro. Zuzüglich der Erweiterungsmöglichkeit (DVD & CD_Material) wird für diesen Posten eine Summe von 300,00 Euro veranschlagt. Dieser Betrag ist in seiner Höhe wenig ausschlaggebend bei der Suche nach Fördermöglichkeiten im Vergleich zu den Kosten für die nun folgenden Musikinstrumente.

Materialien - Musikinstrumente

Wie schon beschrieben wird die Kostenplanung für zehn Kurse an fünf Schulen erstellt. Somit ergibt sich, dass an jeder der fünf Schulen ein Satz von zehn afrikanischen Djemben sowie einem Satz afrikanischen Bass-Trommeln, DunDun genannt, vorhanden sein muss. Insgesamt bedarf es 50 Djembé-Trommeln sowie fünf DunDun-Sätzen. Hinzu kommt je Schule ein Satz an Kleinpercussion, die für das Spiel in der Gruppe ebenfalls genutzt werden sollen. Die Kosten für die Musikinstrumente variieren je nach Händler sehr. Es hat sich herausgestellt, dass der Einkauf in Musikfachgeschäften in dieser Größenordnung nicht praktikabel ist. Die Lösung liegt in der Kontaktaufnahme zu Großhändlern, die afrikanische Musikinstrumente direkt vermarkten. In diesem Wirtschaftsbereich sind Musikinstrumente in Menge und Qualität so günstig zu erwerben, dass eine Finanzierung möglich wird. Die folgende Tabelle gibt hierzu eine Übersicht.

Instrument	Einzelpreis	Menge	Gesamtpreis
afrikanische Djembé	70,00 €	50 Stück	3.500,00 €
DunDun-Satz	400,00 €	5 Stück	2.000,00 €
Kleinpercussion	50,00 €	5 Stück	250,00 €

Tabelle 4: Übersicht: Kosten Musikinstrumente

Die afrikanischen Djembé können von einem Direktimporteur aus Süddeutschland bezogen werden. Eine kontaktierte Firma importiert hochwertige Djembé aus Mali in Westafrika. Die dort produzierten Instrumente zeichnen sich aufgrund der besonderen Härte des verwendeten Holzes durch ihre Langlebigkeit aus. Auch wirbt die Firma mit Sonderkonditionen für pädagogische Projekte, Schulen und Kindergärten.

Ebenso von dieser Firma direkt importiert werden DunDun-Basstrommelsätze. Diese bestehen aus je drei Basstrommeln, mit welchen, beidseitig bespannt und horizontal gelagert, drei verschiedene Basstöne erzeugt werden können.

Für die Planung der Finanzierung kann von der Firma ein Angebot angefordert werden.

Materialien – wissenschaftliche Arbeit

Wie im Punkt 1.3.4 dieser Bachelorarbeit erläutert wird, soll zeitgleich zur Ausführung der Trommelworkshops innerhalb der zehn Kurse eine wissenschaftliche Erhebung erfolgen. Diese soll dazu dienen, die Wirksamkeit des Workshops für die Entwicklung der Kinder und Jugendlichen in schulischer und entwicklungspädagogischer Sicht untersuchen zu können. Hierzu bedarf es verschiedener Materialien. Diese werden aufgrund bisher fehlender Informationen zum Ablauf mit einer Höhe von 500,00 Euro für die Dauer des Projekts festgelegt.

Kosten für personelle Aufwendungen

Für die Durchführung der Projektidee bedarf es verschiedener Voraussetzungen, die der Ausführende des Projekts mit sich bringen muss. Aufgrund der Anbindung an den Bereich der Schulsozialarbeit bedarf es einer sozialarbeiterischen Befähigung, die mindestens mit dem Studium der Sozialen Arbeit an einer Fachhochschule erreicht wird. Zudem bedarf es musikalischer Fähigkeiten: die Beherrschung des Instruments Djembé sowie der von verschiedener Kleinpercussion und den afrikanischen DunDun-Basstrommeln ist ebenso Voraussetzung wie die Verknüpfung beider Bildungen, also der Fähigkeit, dieses Wissen an Schüler*innen weitergeben zu können. Hierzu bedarf es möglichst einer Musikpädagogischen Ausbildung oder einer langjährigen Erfahrung mit Workshops und Seminaren im Bereich der afrikanischen Percussion.

Aufgrund dieser Voraussetzungen ergibt sich erfahrungsgemäß ein entsprechender Stundensatz für die Vergütung der Projektarbeit. Dieser Stundensatz wird in der Projektrechnung mit 25,00 Euro je Arbeitsstunde festgelegt. Wie schon beschrieben soll das Projekt an fünf Schulen mit je zwei Kursen durchgeführt werden. Es ergibt sich eine Anzahl von zehn Kursen, die jeweils eine Dauer von 60 Minuten haben werden. Dies ist möglich, da die Kurse nach dem regulären Schulunterricht in den Schulplan eingefügt werden sollen. Neben den 60 Minuten Kursdauer werden 15 Minuten Vor- & Nachbereitung der Kurse eingeplant. Diese werden nötig sein, um die Musikinstrumente für die Kursgruppe vorzubereiten. Nach dem Kurs müssen die Instrumente wieder an den vorgesehenen Lagerplatz gebracht werden. Des Weiteren wird ein Zeitraum von 30 Minuten für die wissenschaftliche Arbeit eingeplant. Es sollen Verlaufsprotokolle erstellt werden, die die Entwicklung der Mitarbeit und Fähigkeiten der Schüler*innen und die eventuelle Veränderung vorhandener Verhaltensauffälligkeiten erfassen soll. Diese Bögen müssen erfasst und ausgewertet werden. Zuletzt wird ein Zeitraum von 15 Minuten für die An- & Abfahrt berechnet. Es ergibt sich ein Zeitraum von 120 Minuten je Kurseinheit. Bei einer Anzahl von zehn Kursen je Woche fallen 20 Wochenarbeitsstunden für die Durchführung des Projekts an. Hierbei nicht berechnet sind Organisation und Absprachen mit den Schulen, den Schulsozialarbeitern, den Schülern und sonstigen Beteiligten. Ebenso muss es einen Zeitaufwand für die Bestellung der Instrumente und deren Anlieferung geben. Für die Planung bis zum Start des Projekts wird somit an diesem Punkt ein Zeitraum von 80 Arbeitsstunden eingerechnet, welche innerhalb einer dem Projekt vorangehenden Planungsphase von einem Monat genutzt werden sollen. Die Durchführung des Projekts innerhalb eines Schuljahres mit 52 Wochen wird abzüglich einer Ferienzeit von 13 Wochen in Sachsen-Anhalt eine Dauer von 39 Wochen haben. Zuzüglich zu den 80 Arbeitsstunden, also vier Wochen à 20 Arbeitsstunden zur Vorbereitung des Projekts ergeben sich 43 Wochen Arbeitszeit à 20 Wochenstunden. Bei einem Stundensatz von 25,00 Euro je Arbeitsstunde x 20 Wochenstunden x 43 Wochen Projektzeit ergibt sich eine Gesamtsumme von 21.500,00 Euro zu beantragender Arbeitszeitvergütung als personelle Aufwendung. Diese Aufwendung gilt für den Projektzeitraum von einem Schuljahr für die Planung, Durchführung und Auswertung des gesamten Projektes.

Kostenpunkte	Teilsummen in Euro
Literatur, DVDs, CDs	300,00
50 Djemben	3.500,00
5 x DunDun Basstrommeln	2.000,00
5x Kleinpercussion	250,00
Wissenschaftliche Erhebung	500,00
Personelle Aufwendungen	21.500,00
Summe:	28.050,00 €

Tabelle 5: Projektkostensummen

Kostenrechnung Mobilität

Die bisherige Planung der Kosten für die Musikinstrumente bezog sich auf die Möglichkeit, die Instrumente an den fünf Schulen lagern zu können. Auch wurde bisher allein die Möglichkeit einer Gesamtfinanzierung des Projekts in Betracht gezogen. Geht man davon aus, dass es weiteren Schulen in der zu untersuchenden Stadt über eine Eigenfinanzierung der jeweiligen Stundenvergütung möglich ist, am Projekt teilzunehmen, wird die Anzahl der zu erwerbenden Musikinstrumente zu hoch. Auch wird nicht in allen Fällen die Möglichkeit bestehen, die Instrumente vor Ort zu lagern. So ergibt sich eine veränderte Kostenrechnung, die mehr auf Mobilität setzt und eine Mindestanzahl von sechs teilnehmenden Schulen voraussetzt. Statt der 50 Djemben, fünf Basstrommelsätze und fünf Sätze Kleinpercussion werden nun nur 15 Djemben, ein Basstrommelsatz und ein Satz Kleinpercussion berechnet. Aufgrund der Annahme, insgesamt sieben Schulen würden am Projekt teilnehmen, bedarf es in dieser Berechnung einem Transportfahrzeug, um im zeitlichen Rahmen die Schulen zu erreichen und die Musikinstrumente zu transportieren. Hierfür wurde ein Angebot über einen Transport-PKW eingeholt. Zuzügliche Kosten für Steuern und Versicherungen werden erst im finalen Projektkonzept eingefügt. Zudem muss betrachtet werden, dass die Vor- und Nachbereitungszeit für den Transport vom PKW zum Kursraum steigen wird. Nach bisherigen Berechnungen ergibt eine Anzahl von 14 Kursen und 28 Wochenarbeitsstunden mit folgenden Projektkostensummen.

Kostenpunkte	Teilsummen in Euro
Literatur, DVDs, CDs	300,00
15 Djemben, DunDun, Kleinpercussion	1.500,00
Wissenschaftliche Erhebung	500,00
Personelle Aufwendungen	30.100,00
Transport-PKW	9.490,00
Summe:	41.890,00 €

Tabelle 6: Projektkostensummen "Mobilität"

Die in „Tabelle 5" errechnete Projektkostensumme für zehn Kurse ergibt einen Kurskostensatz von 2.805,00 Euro. In „Tabelle 6" werden 14 Kurse berechnet, es ergibt sich ein Kurskostensatz von 2.992,00 Euro inklusive der Nutzung eines PKW. Berechnet man die Kurskosten für die Anzahl von 16 Kursen, also der Teilnahme von acht Schulen am Projekt, sinkt der Kurskostensatz auf 2886,00 Euro. Die Nutzung eines Transport-PKW in Verbindung mit dem Kauf von nur 15 Djemben, einem Basstrommelsatz und einem Kleinpercussionsatz ohne Lagerung der Instrumente in den Schulen ist also ab einer Teilnahme von acht Schulen dringend zu empfehlen, da sich ab dieser Anzahl die Kosten pro Kurs wieder verringern.

3.3.2 Öffentliche und private Fördergelder

Für die Finanzierung des Projekts gibt es mehrere Ansätze. Ein Ansatz ist, die Gesamtsumme der Kosten durch Fördergelder zu decken. Für die Förderung sozialer Projekte gibt es eine Reihe von Förderprogrammen, die an dieser Stelle zusammengetragen werden sollen.

So bietet die **Aktion Mensch** eine große Bandbreite an Fördermöglichkeiten. In diesem speziellen Fall kann sich auf die Projektförderung der Kinder- & Jugendhilfe bezogen werden.

2 Percussion im pädagogischen Kontext

Im Merkblatt Kinder- & Jugendhilfe der Aktion Mensch mit dem Stand 01.01.2010[4] werden das Förderspektrum, förderfähige Kosten, die Förderhöhe sowie der Förderzeitraum eine Projekts beschrieben, die gelten müssen, wenn Fördermittel über die Projektförderung der Kinder- & Jugendhilfe bezogen werden sollen. Passend zum Projekt werden im Förderspektrum des Merkblatts die Punkte Persönlichkeitsbildung, Inklusion und Integration junger Menschen und Vorhaben zugunsten junger Menschen mit Migrationshintergrund und Vorhaben zur Stärkung der Geschlechtergerechtigkeit gefördert. Des Weiteren sind förderfähige Projekte Evaluationen mit unmittelbaren Erkenntnissen für die soziale Arbeit, welche auch innerhalb dieses Projektes gewonnen werden sollen. Weiterhin beschreibt das Merkblatt, welche Kosten förderfähig sind. So können neben Personal- & Honorarkosten auch Sachkosten gefördert werden. Die in diesem Projekt identifizierten Kostenpunkte können mehrheitlich den Personal- und Sachkosten zugeordnet werden, somit ist auch in diesem Punkt die Möglichkeit der Förderung gegeben. Die im Merkblatt folgenden Punkte Förderhöhe und Förderzeitraum lassen ebenfalls die Förderung dieses Projektes zu: der Höchstzuschuss inklusive einer Verwaltungskostenpauschale für ein Projekt liegt bei 250.000,00 Euro, die Förderkosten von bis zu 70% zuzüglich einer Förderkostenpauschale von 20% können für einen Zeitraum von maximal 3 Jahren bewilligt werden. Dieser sehr vereinfachte Überblick bestätigt, dass für eine Förderung des geplanten Projekts die Aktion Mensch e.V. eine mögliche Förderquelle darstellt.

Eine weitere Möglichkeit der Förderung ergibt sich durch den **Europäischen Sozialfond ESF**. Laut der offiziellen Internetpräsenz des Europäischen Sozialfonds für Deutschland auf der Internetseite der Europäischen Kommission[5] beginnt im Jahr 2014 eine neue Förderperiode, welche bis ins Jahr 2020 veränderte Zielsetzungen ins Auge fasst. Neben primären Zielen des ESF, die nicht in den unmittelbaren Zusammenhang mit diesem Projekt gebracht werden können, gibt es Ziele, die die Verbesserung von allgemeiner und beruflicher Bildung zum Ziel haben. Hier sollen im Speziellen Projekte gefördert werden, die zur Verringerung der Schulabbrecherquote führen sollen. An diesem Punkt kann konzeptionell angesetzt werden, um eine Finanzierung realisieren zu können.

3.3.3 Finanzierung durch Eigenmittel des Trägers

Eine weitere Form der Finanzierung, ohne die das geplante Projekt nicht durchführbar ist,

---

[4]Vgl. hierzu: www.aktion-mensch.de/media/download.php?file=Merkblatt_Kinder

[5]Vgl. hierzu: http://ec.europa.eu/esf/main.jsp?catId=62&langId=de

besteht in der Nutzung trägereigener Mittel entweder des durchführenden Trägers des Projekts oder der teilnehmenden Schulen, welche die jeweiligen Teilkosten der Kurse an ihrer Schule durch den jeweiligen Schulträger bereitstellen. Als in diesem Fall anzusprechender, durchführender Träger des Projekts kommt der Träger, der im Fragebogen angesprochenen Schulsozialarbeitsstellen in Frage. Nach Beendigung dieser Arbeit ist geplant, die Geschäftsführung für die Durchführung des Projekts zu gewinnen und den Verein als Träger des Projekts zu nutzen. Die ausschließliche Förderung des Projekts durch Eigenmittel des Trägers erscheint einerseits nicht realistisch, für eine Teilfinanzierung verschiedener Bereiche innerhalb des Projekts bedarf es zu einem späteren Zeitpunkt der Vorstellung des Projekts bei der Geschäftsführung des Trägers. Die am Projekt beteiligten und an der Durchführung interessierten Schulen sind auf ihrer Seite auch in der Lage, sich an der Finanzierung des Projekts zu beteiligen. Hier muss eine Gesamtfinanzierung nicht ausgeschlossen werden. Die in „Tabelle 5" dieser Arbeit aufgeführte Gesamtsumme des Projekts kann auf die teilnehmenden Schulen aufgeteilt werden, es ergibt sich bei einer Summe von 28.050,00 Euro und einer Anzahl von beispielsweise fünf teilnehmenden Schulen eine je Schule aufzubringende Summe von 5.610,00 Euro. Für jeweils zwei Kurse je Schule benötigte Gelder können als Grundvoraussetzung für die Durchführung und Teilnahme am Projekt von den Schulen durch eigenständige Beantragung von Fördergeldern erbracht werden. Wie sinnvoll diese Arbeitsweise ist, wird nach Auswertung des Fragebogens, welcher im Kapitel 3 dieser Arbeit besprochen wird, betrachtet werden.

3.3.4 Private Teilfinanzierung

Um die Gesamtsumme der benötigten Fördergelder zu senken, können Eltern von teilnehmenden Kindern und Jugendlichen zur Teilfinanzierung des Projekts aufgerufen werden. Für die verbindliche Teilnahme eines Kindes kann ein Teilnahmebeitrag von 10,00 € je Kind und Monat erhoben werden. Bei der beschriebenen Kursgröße von zehn teilnehmenden Kindern und Jugendlichen, einer aktiven Kurszeit von 39 Wochen je Schuljahr (entspricht zehn Monaten, siehe 1.3.3.1 Kostenplanung) und der Summe von zehn Kursen insgesamt ergäbe sich für alle teilnehmenden Kinder und Jugendliche ein Betrag von circa 10.000,00 Euro. Diese Summe, rund ein Drittel der Gesamtfinanzierungssumme, kann für Eltern mit begrenzten finanziellen Mitteln auch über eine Förderung über das SGB II oder das SGB XII erfolgen. Den Eltern steht die nach §28 Abs.7 Satz 2 SGB II und §34 Abs.7 Satz 2 SGB XII (Leistungen für Bildung und Teilhabe) die Teilnahme am Projekt für Kindern bis zum vollendeten 18.Lebensjahr frei.

4 Forschungsmethoden und Auswertung

Nach der theoretischen Hinführung an das Thema und der Auseinandersetzung mit der konzeptionellen Arbeit für das Projekt gilt es im ersten Abschnitt des Bereichs Forschungsmethoden und Auswertung, die theoretischen Grundlagen, die für die Erstellung eines Fragebogens in der praktischen Umsetzung nötig sind, darzulegen. Es wird beschrieben werden, warum eine qualitative Umfrage mit standardisierten Fragebögen für die Beantwortung der Fragestellung ausgewählt wurde und welcher theoretische Hintergrund zu beachten ist. Des Weiteren wird darauf eingegangen, welche Fragetechnik genutzt wird.

Ein solcher Fragebogen soll dann geplant und erstellt werden, um die Fragestellungen anhand von empirisch erhobenen Daten zu beantworten. Dieser muss den üblichen Testgütekriterien als ein Instrument der Qualitätsbeurteilung für Fragebögen standhalten (Moosbrugger und Kevala, 2007). Zu diesen gehören **Objektivität**, **Reliabilität**, **Validität**, **Skalierung** und **Normierung**. Diese Qualitätskriterien werden im Kontext der Befragung dieser Arbeit je nach Möglichkeit angewendet. Im Anschluss an die empirischen Hintergründe werden die drei Bereiche des Fragebogens näher beleuchtet. Zusammenhängende Fragen und deren Absichten werden in Vorbereitung zur Auswertung der Befragung erläutert.

Der Abschluss dieses Abschnittes widmet sich der schon genannten Auswertung der Befragung. Ziel ist die Verknüpfung auffällige Tendenzen innerhalb der Antworten der Befragten mit den zu Beginn dieser Arbeit nieder geschriebenen Hypothesen.

4.1 Planung der Befragung

Schon zu Beginn der Auseinandersetzung mit dem Fragebogen an sich war die Struktur klar, wie die Umsetzung aussehen sollte. Grundsätzlich ergibt sich über die Arbeit im Trägerverein die Möglichkeit, einen Teil der Kolleg*innen anzusprechen, die in der Mehrheit als Schulsozialarbeiter arbeiten. Diese werden per Mail über die Umfrage dieser Arbeit betreffend informiert und gebeten, vor dem Versenden der Umfrage die entsprechenden Musiklehrer an ihren Schulen anzusprechen und anzufragen, ob sie an der Teilnahme bei meiner Umfrage einverstanden sind. Diese Art der Kontaktaufnahme hat den Vorteil, dass die Schulsozialarbeiter in den jeweiligen Schulen den Lehrer*innen durch ihre Arbeit bekannt sind und so die Schwelle für die Lehrer*innen, an der Umfrage teilzunehmen, geringer ist als bei einer Anfrage durch Unbekannte. Auch ist der Aufwand des Erstkontaktes geringer, er wird durch die Kolleg*innen in der Schulsozialarbeit abgenommen.

Es bedarf keiner Kontaktaufnahme mit einer Vielzahl von Lehrer*innen sondern lediglich der Zusendung der Umfragebögen. Alle wichtigen Informationen, die die Lehrer*innen für die Durchführung der Umfrage benötigen sowie Hintergrundinformationen zur Bachelorarbeit, finden sich im Anschreiben der Befragung. Ebenso besteht im Falle von Zeitverzug, also der Nicht-Einhaltung des zeitlichen Rahmens, der den Lehrer*innen für die Durchführung der Befragung gegeben wird, die Möglichkeit, die Kollege*innen der Schulsozialarbeit als direkte Ansprechpartner der Schule zu nutzen. Diese können auf kurzem Wege die Musiklehrer*innen der Schule erreichen und haben so die Möglichkeit, dem Einhalten des zeitlichen Rahmens Ausdruck zu verleihen. Der Vorteil, alle Kolleg*innen über interne Mailadressen jederzeit erreichen zu können, verstärkt also die Wahl dieser Art von Kontaktaufnahme. Jedoch muss zuerst eine Selektion nach Schularten erfolgen, denn nicht alle Schulen, die der Träger mit Schulsozialarbeiter*innen besetzt, eignen sich für einen Trommelworkshop am Nachmittagsbereich. Diese Selektion erfolgt in Zusammenhang mit der Erstellung einer Übersicht aller Schulen, die im Rahmen von Schulsozialarbeit über den Träger versorgt werden und zusätzlich aller Schulen, die sich im direkten Versorgungsgebiet meiner Arbeitsstätte befinden, die bei Durchführung des Projektes als Organisationspunkt für das Projekt genutzt werden soll. Die günstige Lage inmitten des Stadtteils legt nahe, auch hier Schulen anzuschreiben und um die Teilnahme an der Umfrage zu bitten. Die Übersicht in „Tabelle 2" zeigt, dass der Aufwand, die im Versorgungsgebiet zu kontaktierenden Schulen anzuschreiben, aufgrund der geografischen Nähe gering ist. Alle Schulen, die nicht über interne Mailadressen zu erreichen sind, da sie bei einem anderen Träger beheimatet sind, lassen sich trotzdem zeitnah kontaktieren, da sie im gleichen Stadtteil liegen.

#	Schulname	Schulart	mit SSA	Träger SSA	Stadtteil
1	Schule 1	Sekundarschule	ja	Träger 1	Stadtteil 1
2	Schule 2	Sekundarschule	ja	Träger 1	Stadtteil 2
3	Schule 3	Sekundarschule	ja	Träger 1	Stadtteil 3
4	Schule 4	Förderschule	ja	Träger 1	Stadtteil 4
5	Schule 5	Grundschule	ja	Träger 1	Stadtteil 5
6	Schule 6	Grundschule	ja	Träger 1	Stadtteil 3
7	Schule 7	Grundschule	ja	Träger 1	Stadtteil 1

8	Schule 8	Grundschule	ja	Träger 1	Stadtteil 1
9	Schule 9	Grundschule	ja	Träger 1	Stadtteil 6
10	Schule 10	Förderschule	ja	Träger 1	Stadtteil 7
11	Schule 11	Förderschule	ja	Träger 1	Stadtteil 3
12	Schule 12	IGS	ja	Träger 2	Stadtteil 2
13	Schule 13	Grundschule	ja	Träger 2	Stadtteil 2
14	Schule 14	Grundschule	ja	Träger 2	Stadtteil 2
15	Schule 15	Grundschule	nein	--	Stadtteil 4
16	Schule 16	Grundschule	nein	-	Stadtteil 4

Tabelle 7: Übersicht: Vorauswahl von Schulen

Im nächsten Schritt musste bestimmt werden, welche Schulen mit welcher Schulform angesprochen werden sollten. Die größte Auffälligkeit in „Tabelle 2" ist die Überzahl an Grundschulen. Von den in die engere Auswahl gezogenen Schulen haben über 50% (9 von 16) dieser Schulform. Da in entsprechenden Bundesland Grundschulen in den Klassenstufen eins bis vier beschult werden, lässt sich das Durchschnittsalter in der 4. Klasse auf zwischen zehn und elf Jahren eingrenzen. Um ältere Kinder und Jugendliche ab elf Jahren nicht auszugrenzen und gleichzeitig eine größere Auswahl an Schulen befragen zu können, ist es sinnvoll, die Befragung auf beide Schulformen auszuweiten. Somit sind in der Auswahl der Grund- und Sekundarschulen sowie mit der Integrierten Gesamtschule bereits 13 Schulen ausgewählt, an denen die Umfrage durchgeführt werden soll. Es wird ebenfalls die Entscheidung getroffen, die in Tabelle 2 genannten Förderschulen nicht mit in die Auswahl der zu befragenden Schulen aufzunehmen. Dies hat den Grund, dass sich die Schüler dieser speziellen Schulform nicht mit Schülern einer Grundschule oder Sekundarschule vergleichen lassen, da dort andere Lernziele definiert werden. Die Entwicklungszeiträume sind in Förderschulen völlig andere, Schüler gleicher Klassenstufen sind nicht vergleichbar. Wie Professor Dr. Klaus Klemm (2009) in seiner Studie zur Wirksamkeit von Förderschulen in Deutschland beschreibt, „...machen am Ende der Pflichtschulzeit 77,2 Prozent von ihnen [Anm.: der Schüler*innen von Förderschulen] keinen Hauptschulabschluss. Da diese Schulform für Kinder und Jugendliche mit Beeinträchtigungen in ihren Bildungs-, Lern- und Entwicklungsmöglichkeiten gedacht ist, werden spezielle Maßstäbe angesetzt. Diese könnten bei Bedarf in einer gesonderten Studie zur Erfassung von Fähigkeiten im Bereich Rhythmus und Taktgefühl näher betrachtet werden. Dies ist an dieser Stelle jedoch nicht vorgesehen.

Um die Umfrageergebnisse der Grundschulen, Sekundarschulen und der IGS miteinander vergleichen zu können, ist es sinnvoll, den Altersunterschied der Lernenden möglichst gering zu halten. Die Lösung für dieses Problem liegt in dem Hinweis für die Lehrer*innen von Grundschulen, die Befragung ausschließlich auf die Klassenstufe vier zu beziehen sowie die Lehrer*innen der Sekundarschulen und der IGS darauf hinzuweisen, die Befragung ausschließlich auf die Klassenstufe fünf zu beziehen. Der Altersunterschied beträgt zwischen den beiden Klassenstufen durchschnittlich ein Jahr, wobei innerhalb der Klassenstufen ebenfalls Altersunterschiede von maximal elf Monaten auftreten können, sodass sich dieser Unterschied zwischen den Schulformen relativiert.

Somit ergibt sich eine Auswahl von 13 Schulen, an denen die Umfrage durchgeführt werden soll. Die Schulen „1" bis „8" werden von Schulsozialarbeiter*innen des Trägers 1 betreut, diese werden wie schon beschrieben per Mail kontaktiert. Alle weiteren Schulen „9" bis „13" werden telefonisch kontaktiert. An diesen Schulen wird der offizielle Verfahrensweg eingehalten und über das Sekretariat die Schulleitung angefragt, ob die Umfrage durchgeführt werden kann. Die Umfragebögen werden aufgrund der geografischen Nähe direkt vor Ort abgegeben, um anschließend an die Musiklehrer*innen übergeben zu werden.

Nach telefonischem Kontakt mit den Schulen „9" bis „13" ergibt sich wiederum eine neue Situation, da sich die Schulen nicht an der Befragung beteiligen möchten. Auf Nachfrage konnten keine Gründe dafür genannt werden. Die Entscheidung der Schulleitungen lassen den Pool der an der Befragung teilnehmenden Schulen auf insgesamt elf schrumpfen. Den Schulen „9", „10" und „13", deren Schulleitungen nach telefonischem Kontakt die Teilnahme bestätigten, wurden am 05.Mai 2014 die Fragebögen in den dafür vorbereiteten Umschlägen überreicht. Auch wurden an diesem Tag die Fragebögen für die Schulen „1" bis „8" per Post versandt. Wie schon beschrieben wurden hier die Kolleg*innen des Trägers 1 vorher per Mail über die Befragung informiert und um Unterstützung gebeten. Wie im Fragebogen beschrieben (siehe Anhang 1: Fragebogen zur Bachelorarbeit) werden die Musiklehrer*innen der jeweiligen Schulen nun gebeten, die Fragebögen bis einschließlich 16. Mai 2014 auszufüllen. Die Bearbeitungszeit für die Pädagog*innen liegt somit bei maximal zwei Arbeitswochen abzüglich der Zeit des Postweges für die Schulen mit Schulsozialarbeit über den Träger 1 sowie abzüglich der Zeit, die die jeweiligen Sekretariate benötigen, um die Fragebögen an die Musiklehrer*innen zu überreichen. Da alle Schulen im Vorhinein informiert wurden und jeweils auch bei Kontaktaufnahme die Abgabezeiten benannt wurden, ergibt sich eine realistische Bearbeitungszeit von mindestens einer Arbeitswoche. Diese Dauer wurde gewählt um den Lehrer*innen einerseits eine möglichst schnelle Bearbeitung vorzuschlagen und andererseits die Gefahr, die Befragung könnte auf einem Arbeitsstapel für spätere Erledigungen landen, zu minimieren. Nachdem nun alle Fragebögen übergeben wurden, bedarf es einer Bearbeitungszeit von etwa 3 Wochen, bis die Fragebögen per Post wieder beim Verfasser ankommen. Dies wird dadurch garantiert, dass den Fragebögen frankierte Rückumschläge beigefügt wurden. Diese sind mit der Sendeadresse des Verfassers dieser Bachelorarbeit versehen. Der Hinweis, die ausgefüllten Fragebögen in den frankierten Briefumschlägen bis spätestens dem 19. Mai 2014 der Post zu übergeben, findet sich ebenfalls im Tutorial des Fragebogens wieder. Inhaltlichen Erläuterungen sowie Informationen zu diesem Tutorial des Fragebogens werden im kommenden Abschnitt dieser Bachelorarbeit beschrieben. Dieser wird sich mit den theoretischen Hintergründen auseinandersetzen. Die Vorauswahl der Schulen ist somit beendet.

4.2 Qualitative Befragung

Zu Beginn der Auseinandersetzung mit den theoretischen Grundlagen des Fragebogens sollen Testgütekriterien umgesetzt werden, die laut Moosbrugger und Kelava (2007) bei wissenschaftlich fundierten Test betrachtet werden müssen. Die entscheidenden Aspekte für repräsentative Aussagen einer Umfrage als Teil qualitativer Forschung sind **Objektivität**, **Reliabilität** und **Validität**. Als weitere Testgütekriterien werden üblicherweise folgende sieben Punkte genannt: Skalierung, Normierung, Testökonomie, Nützlichkeit, Zumutbarkeit, Unverfälschbarkeit sowie Fairness. Zu einem Teil dieser Kriterien wird im folgenden Abschnitt grundsätzlich eingegangen. Nachdem die theoretischen Grundlagen geklärt sind, kann dann im Abschnitt „Auswertung der Umfrage" praktisch mit den Grundlagen gearbeitet werden. Hier folgt der direkte Bezug zur Umsetzung.

Eine erste, als wesentliches Kriterium beschriebene Dimension der Testgütekriterien ist die **Objektivität**. Sie wird von Moosbrugger und Kelava (2007, S. 8) wie folgt definiert: „Ein Test ist dann objektiv, wenn er dasjenige Merkmal, das er misst, unabhängig von Testleiter, Testauswerter und von der Ergebnisinterpretation misst." Demnach bedeutet Objektivität, dass kein „[...] Verhaltensspielraum bei der Durchführung, Auswertung und Interpretation eingeräumt wird." Erst wenn beliebige Testleiter mit bestimmten Testpersonen den Test in gleicher Form durchführen können als auch beliebige Testauswerter diesen durchgeführten Test in gleicher Weise auswerten und interpretieren können, ist Objektivität gegeben. Um dies praktisch umzusetzen, werden die beiden Aspekte Durchführungs- und Auswertungsobjektivität näher beleuchtet.

Die im ersten Aspekt benannte **Durchführungsobjektivität** liegt vor, wenn das

Testergebnis unabhängig vom durchführenden Testleiter ist, die Ergebnisse also nicht vom Testleiter verfälscht werden können. Je höher die Standardisierung des Tests, desto größer ist die Wahrscheinlichkeit, eine hohe Durchführungsobjektivität garantieren zu können. Dies bedeutet, dass die Bedingungen, die zur Durchführung des Tests benötigt werden, nicht variieren, sondern festgelegt werden. Dies kann entweder durch den Herausgeber geschehen oder über das Einbeziehen eines Testautors validiert werden. Ein geeignetes Mittel dafür ist das Testmanual. Hier werden konkrete Aussagen getroffen, wie der Test durchzuführen ist. Genaue Anweisungen, welcher Zeitrahmen einzuhalten ist, worauf bei einer schriftlichen Durchführung des Tests zu achten ist und wie sich die Testperson nach dem Test verhalten soll, müssen im Tutorial des Tests beschrieben sein.

Das Testmanual des Fragebogens, der in dieser Bachelorarbeit genutzt wird, befindet sich auf Seite zwei des Fragebogens. Hier wird der Ablauf beschrieben, der durch den Fragebogen führt. Insgesamt sechs Punkte werden aufgeführt, die allen Fragen im Voraus Antwort auf die „Benutzung" geben sollen. Der erste Punkt bezieht sich auf die schon genannte Festlegung, dass sich Lehrer*innen aus Grundschulen ausschließlich auf die 4.Klassenstufe beziehen sollen, Lehrer*innen aus Sekundarschulen mögen sich auf die Klassenstufe fünf beziehen. Im zweiten Punkt des Manuals wird beschrieben, wie der Fragebogen aufgeteilt ist. Aufgrund der verschiedenen Fragestellungen wurde festgelegt, dass es sinnvoll ist, zwei Bereiche zu schaffen: im Bereich A werden die Musiklehrer*innen gebeten, Fragen zu ihrem Musikunterricht und den Möglichkeiten als Lehrer*innen an ihrer Schule zu beantworten. Hier soll es zum Beispiel darum gehen, ob der Musikunterricht gut mit Instrumenten ausgestattet ist, ob diese in den Unterricht eingebunden werden oder ob der Wissensbereich „Taktgefühl und Rhythmus" im Unterricht eine wesentliche Rolle spielt. Die konkreten Fragen und deren Entwicklung sowie Analyse finden sich im Abschnitt 2.2 Befragung der Musik Lehrenden wieder.

Im dritten Bereich des Tutorials wird Bereich B des Fragebogens vorgestellt: hier werden die Pädagog*innen gebeten, Schüler*innen aus ihrem Musikunterricht zu befragen. Eine Schulklasse soll ausgewählt werden, diese soll möglichst dem Durchschnitt der Klassenstufe entsprechen. Diese Festlegung soll möglichst eine Vergleichbarkeit der teilnehmenden Schulen fördern. Eine weitere, jedoch aufwendigere Möglichkeit wäre gewesen, je Schule zwei Fragebögen auszugeben und die Musiklehrer*innen zu bitten, die zwei Klassen mit den jeweils besten sowie mit den schlechtesten Durchschnittsnoten der Klassenstufe zu befragen. So hätte man eindeutigere Aussagen über die grundlegenden Fähigkeiten der Schüler*innen einer Schule erhalten können. Der Aufwand, gleich zwei Fragebögen ausfüllen zu müssen, wäre jedoch einher gegangen mit der Gefahr, sich mit einer besonders hohen Zahl an Absagen oder nicht im Zeitlimit zurückgeschickter Fragebögen auseinander setzen zu müssen.

Im dann folgenden Punkt „4" des Fragebogens werden verschiedene Antwortmöglichkeiten erklärt. So gibt es neben Fragen, die mit Ja oder Nein beantwortet werden sollen oder einfachen Fragen, bei denen als Antwort eine Menge eingetragen werden soll, auch Bereiche, in denen möglichst kurze Antworten selbst gewählt werden können. Ein Beispiel stellt hier die Frage „12" des Fragebogens (S. 4) dar, bei der nach musikalischen Projekten gefragt wird, die die Schule anbieten. Antworten können hier neben einem Schulchor auch eine Schulband sein. Ebenso könnten Trommelworkshops an der Schule angeboten, klassische Musik in kleinem Rahmen geübt oder Hip Hop-Musik getextet werden. Da die Bandbreite an Möglichkeiten inhaltlich sehr groß ist, wurde beschlossen, eine Einordnung der Auswahl der Projekte erst vorzunehmen, wenn mit den Antworten gearbeitet werden kann.

Im Punkt „5" des Tutorials wird der Bereich C des Fragebogens beschrieben, hier besteht die Möglichkeit, in eigenen Worten zu drei Fragen Stellung zu nehmen. Diese sollen ein Feedback des Befragten zum Fragebogen an sich und der beschriebenen Projektidee möglich machen. Zudem kann der dritte Abschnitt genutzt werden, Aussagen zu treffen, für die es keine Kategorie gibt.

Der letzte Punkt 6 des Tutorials beschreibt die einzuhaltenden Zeiten, in denen der Fragebogen ausgefüllt und zurückgesendet werden soll. Eine klare Aussage hierzu ist elementar, den Teilnehmern wird einen Rahmen geboten, in dem sie selbstständig arbeiten können jedoch bis zu einem bestimmten Zeitpunkt gebeten werden, die Bearbeitung zu beenden und zu einem weiteren Zeitpunkt die ausgefüllten Fragebögen im Rückumschlag der Post zu übergeben.

All diese im Tutorial beschriebenen Punkte zielen darauf ab, die Durchführungsobjektivität zu maximieren. Der in diesem Kontext zu betrachtende Begriff der Standardisierung beschreibt die Bedingungen des Tests, die so gestaltet werden müssen, dass „[...] die Testperson in der Testsituation die einzige Variationsquelle darstellt, alle anderen Bedingungen hingegen konstant oder kontrolliert sind, so dass sie nicht als Störvariablen wirken können. Die >>Testleistung<< soll also nur von der Merkmalsausprägung des Individuums abhängen" (Moosbrugger und Kelava, 2007, S.9). Durch die Durchführung des Tests als schriftlicher Fragebogen unter Einbeziehung eines ausführlichen Tutorials sind diese Kriterien erfüllt.

Ein weiterer Aspekt des Testgütekriteriums Objektivität ist die **Auswertungsobjektivität**.

Diese „[...] ist dann gegeben, wenn bei vorliegendem Testprotokoll (Antworten der Testperson auf die Testitems) das Testergebnis nicht von der Person des Testauswerters anhängt" (Moosbrugger und Kelava, 2007, S.9). Ohne Weiteres zu erreichen sei die Auswertungsobjektivität bei Multiple-Choice-Aufgaben, da hier ganz klare Auswertungsregeln von den Testauswertern benutzt werden können, die keinen Spielraum bei der Auswertung zulassen. Bei offenen Antwortformaten jedoch bedarf es detaillierter Auswertungsregeln. Eine möglichst hohe Auswertungsobjektivität soll für den hier genutzten Fragebogen erreicht werden, in dem einerseits geschlossene Fragen genutzt werden sowie andererseits die Auswertung mittels Funktionen innerhalb einer Netzstrukturdatei durchgeführt wird. Wie im Anhang 2 erkenntlich werden im Fragebogen Antworten zu 28 Fragen erbeten, von diesen sind 13 geschlossene Fragen. Es besteht bei diesen Fragen lediglich die Möglichkeit, aus drei oder vier Antworten auszuwählen. Bei weiteren 12 Fragen werden neben fest definierten Anzahlen auch Uhrzeiten abgefragt. Bei drei Fragen werden Aussagen erfragt, die Befragung betreffend, zum geplanten Projekt sowie weitere, unspezifische Aussagen, die bisher nicht kategorisiert wurden. Alle Fragen werden in einer Netzstrukturdatei der Software „Open-Office-Calc" tabellarisch zusammengefasst. Da die Antwortmöglichkeiten bei der Erstellung des Fragebogens ebenfalls mit je nach Frage fortlaufenden Zahlen gekennzeichnet sind, ergibt sich ein wie in Tabelle 9 entstandenes Raster. Die in dieses Raster eingetragenen Zahlen und Uhrzeiten sowie Anzahlen von Schülern können mathematisch ausgewertet werden. Lediglich bei den in den Fragen 24 bis 26 gegebenen Antworten, welche in Textform als Kommentare innerhalb der Auswertung angefügt werden sollen, ist dies nicht möglich. Es wird eine direkte Auseinandersetzung mit jedem einzelnen Kommentar geben, um die darin genannten Inhalte zu extrahieren.

Wie schon genannt bedarf es konkreter Auswertungsregeln für den Fragebogen. Für die Fragen eins bis elf im „Abschnitt A: Fragen an die Lehrenden" wird in der Auswertungsdatei des Fragebogens eine Funktion angelegt, die jeweils die Anzahl der Antwortmöglichkeiten errechnet und ausgibt. Die jeweils größte Zahl in Bezug auf eine der Fragen wird farbig gekennzeichnet um Tendenzen eindeutig hervorzuheben. So kann ohne menschliche Fehler festgestellt werden, welche Antworten der Fragen ein bis elf in welcher Anzahl beantwortet worden sind. Diese Funktion wird ebenfalls bei Frage 27 des Fragebogens eingesetzt.

Bei Frage zwölf des Fragebogens wird diese Funktion leicht variiert, da in der zweiten Teilfrage schriftliche Eintragungen möglich sind. Aufgrund dessen werden in der Auswertungsdatei nur die Optionen zwei und drei als Zahlen eingetragen, bei Wahl der Antwortmöglichkeit eins der Frage wird die Art des Projektes übernommen. So ergibt sich für die Auswertungsdatei für diese Frage eine Funktion, die zwischen der Anzahl von Ziffern und sonstigen Werten, in dem Fall Buchstaben, differenziert und diese ausgibt. Es entsteht eine Übersicht über die Menge an Schulen, die die Antwortmöglichkeiten zwei und drei gewählt haben sowie der Anzahl an Schulen, welche schriftlich Projekte eingetragen haben. Auch bei weiteren Fragen werden Funktionen eingefügt, die die vorhandenen Daten in ein Format bringen, welches möglichst wenig Spielraum für die Auswertung bietet.

Der dritte Aspekt, die **Interpretationsobjektivität**, umfasst über die beiden schon beschriebenen Durchführungs- und Auswertungsvorschriften hinaus klare Regeln für die Testinterpretation. So ist das Ziel, verschiedene Testanwender mit unterschiedlichen Testpersonen mit gleichem Testwert möglichst gleiche Testergebnisse zu gleichen Schlussfolgerungen kommen zu lassen. Nach Mossbrugger und Kelava kann der Testautor in einem Testmanual Hilfestellung geben, indem er durch ausführliche Angaben von Ergebnissen aus der Eichstichprobe den Vergleich der Testperson mit relevanten Bezugsgruppen ermöglicht. Über die normorientierte Testwertinterpretation könnte an dieser Stelle eine nichtlineare Transformation des Testwerts zur Gewinnung von Prozenträngen durchgeführt werden. Aufgrund des Aufbaus und des Inhalts der Befragung ist dies jedoch im vorliegenden Fall nicht möglich.

Ein weiteres Gütekriterium für Tests ist die Reliabilität. Sie betrifft die Messgenauigkeit der Tests und ist nach Moosbrugger und Kevala wie folgt definiert: „Ein Test ist dann reliabel (zuverlässig), wenn er das Merkmal, das er misst, exakt, d.h. ohne Messfehler, misst" (2007, S.11). Das genaue Ausmaß der Reliabilität wird über den Reliabilitätskoeffizienten erfasst, der einen Wert zwischen eins und null einnehmen kann. Im Fall eines Wertes von eins kann von einer Abwesenheit von Messfehlern ausgegangen werden. Äußern wird sich völlige Reliabilität bei Wiederholung der Testung an derselben Person unter gleichen Bedingungen ohne Merkmalsveränderungen in Form von zwei identischen Ergebnissen. Über die vier Verfahren, der Retest-Reliabilität, der Paralleltest-Reliabilität, der Testhalbierungs-Reliabilität sowie der Inneren Konsistenz wäre nun das Ausmaß der Reliabilität zu bestimmen. Auch an dieser Stelle stellt sich die Frage, ob eine Standardisierung von Testausführung und Testauswertung für diese Befragung notwendig ist. Allein die Standardisierung der Testsituation wurde aufgegriffen: im Tutorial des Fragebogens wird im Punkt 3 beschrieben, dass der den Fragebogen ausfüllende Lehrer in Anwesenheit der ausgewählten Schulklasse die an sich sowie an die Schüler*innen gerichteten Fragen beantwortet.

Zur **Skalierung** des Fragebogens muss auf die unterschiedlichen Fragen verwiesen werden. Die Fragen eins bis zwölf bieten als Antwortmöglichkeit eine Ordinalskala an (gar nicht bis oft, schlecht bis sehr gut). Diese Ratingskala wird aufgrund der Emotionalität der Fragen gewählt. Die Befragten werden gebeten, nach ihrem Gefühl zu antworten und ihre Einschätzung zu einem Thema abzugeben. Dafür ist die Ordinalskala die passendste Wahl.

Die **Testökonomie**, die vorrangig das Kosten-Nutzen-Verhältnis zwischen dem Aufwand der Befragung und dem Nutzen der Testergebnisse beschreibt, „erfüllt das Gütekriterium der Ökonomie, wenn [sie, die Testökonomie], gemessen am diagnostischen Erkenntnisgewinn, relativ wenig Ressourcen wie Zeit, Geld oder andere Formen beansprucht" (Moosbrugger und Kelava, 2007, S.21). Diesem Anspruch wird bei der Planung und Durchführung der Befragung in dieser Arbeit genüge getan. Sowohl der geringe finanzielle Bedarf als auch die personelle Unterstützung von Seiten der Schulsozialarbeiter sprechen für eine hohe Ökonomie der Befragung. Im Gegensatz dazu stehen Befragungsergebnisse, die im besten Falle für die Durchführung eines Projekts mit der Dauer eines Schuljahres sprechen. Dieser Nutzen wiegt klar schwerer als der getätigte Aufwand. Dieser Ausführung schließt sich das Testgütekriterium der **Nützlichkeit** an. Von Moosbrugger und Kelava wird diese so definiert, als dass ein Test dann nützlich ist, wenn das gemessene Merkmal eine praktische Relevanz besitzt und die auf seiner Grundlage getroffenen Entscheidungen, auch Maßnahmen, mehr Nutzen als Schaden erwarten lassen. Die in diesem Fall nach Relevanz zu treffenden Entscheidungen sollten mit der Durchführung des geplanten Projekts als Nutzen festzustellen sein, sodass auch die Nützlichkeit in diesem Fall als gegeben angenommen wird.

Im Hinblick auf das Kriterium der **Zumutbarkeit**, welches dann erfüllt ist, wenn die zu testende Person absolut und relativ zu dem aus seiner Anwendung resultierenden Nutzen in zeitlicher, psychischer und körperlicher Hinsicht nicht über Gebühr belastet wird, existieren zwei Blickwinkel. Einerseits ist nach einer Testdurchführung der Befragung der zeitliche Aufwand für diese auf maximal 15 Minuten festgestellt worden. Diese Dauer beinhaltet sogar die Szene der Befragung innerhalb einer Schulklasse, deren Entscheidungsfindung aufgrund der Gruppengröße Verzögerungen hervorrufen kann. Somit werden 15 Minuten innerhalb einer Schulstunde als zumutbar festgelegt. Die andere Seite dieses Kriteriums zielt auf das persönliche Empfinden der Lehrenden an den Schulen ab, die womöglich aufgrund von festen Strukturen im Lehrrahmen nicht die Möglichkeit haben, eine Befragung von 15 Minuten Dauer in den Unterricht einzuschieben. Auf diese Möglichkeit soll bei der Auswertung eingegangen werden, sollten beispielsweise nicht alle Fragebögen ausgefüllt zurückgesendet worden sein.

Das letzte hier beschriebene Testgütekriterium, die **Fairness**, wird von Moosbrugger und Kelava als erfüllt angesehen, „wenn die resultierenden Testwerte zu keiner systematischen

Benachteiligung bestimmter Personen aufgrund ihrer Zugehörigkeit zu ethnischen, soziokulturellen oder geschlechtsspezifischen Gruppen führen" (Moosbrugger und Kelava, 2007, S. 23). Da mit der Durchführung der Trommelworkshops die Benachteiligungen selbst im Falle der Existenz aufgehoben werden, gilt auch die Fairness als gegeben.

Nach der Auseinandersetzung mit den theoretischen Grundlagen des Fragebogens wird in diesem Abschnitt der Erstellungsprozess beschrieben. Die drei Abschnitte des Fragebogens werden hier gesondert beleuchtet.

Der erste Bereich des Fragebogens wird als „**Abschnitt A: Fragen an die Lehrenden**" bezeichnet. In 15 Fragen sollen die Eindrücke der Musiklehrer*innen in Bezug auf den Musikunterricht und den Fähigkeiten der Schüler*innen erfragt werden. Die ersten beiden Fragen zielen darauf ab, in welchem Maß perkussive Inhalte im Musikunterricht behandelt werden. Je höher hier die Häufigkeit der Thematisierung und Einbindung perkussiver Musikinstrumente, desto höher kann einerseits eine Affinität zu afrikanischen Trommeln auf Seiten der Schüler*innen sein und desto besser müssten als Querverweis zu Frage sieben die Fähigkeiten der Schüler*innen im Bereich Taktgefühl und Rhythmus sein. Ergäbe sich in dem Falle eine Diskrepanz, könnte dies auf die Umsetzung des Unterrichts zurückzuführen sein. Die Fragen drei und vier zielen auf eine Einschätzung der Schüler*innen in Bezug auf die Fragen 14 und 15 ab. Zuerst wird um die Einschätzung von Förder- und Auslastungsmöglichkeiten gebeten, auf der folgenden Seite wird konkret die Anzahl an Schülern erfragt, für die eine fördernde sowie weiterbildende Maßnahme empfohlen wird. Hier kann eine Übereinstimmung der Aussagen ein Indiz dafür sein, dass beide Aussagen zutreffend für die Situation an der jeweiligen Schule sind. Die Fragen 5 und 6 sollen aufzeigen, inwieweit die jeweilige Schule Möglichkeiten für die Ausstattung des Musikunterrichts besitzt. So kann davon ausgegangen werden, dass bei eher schlechter musikalischer und finanzieller Ausstattung eine Finanzierung des Projekts über die jeweiligen Schulen unrealistischer ist als bei guter Ausstattung. Hinter dieser steht die Vermutung, dass bei gesteigertem Interesse des Lehrers oder der Schulleitung Fördermittel akquiriert wurden und eben dieses Interesse in Hinblick auf Frage 27 des Fragebogens auf das geplante Projekt übertragen werden kann. Eine mögliche direkte Bindung zum Projekt kann durch die Beantwortung der Frage acht aufgezeigt werden. Es kann vermutet werden, dass bei einer Vielzahl an eigenen Erfahrungen des Musik Lehrenden mit Perkussionsinstrumenten ebenfalls die Durchführung des Projekts erwünscht ist. Die Fragen neun, zehn und zwölf des Fragebogens sollen eher die strukturellen Möglichkeiten an der jeweiligen Schule aufzeigen. Sind Musikprojekte generell möglich? Wurden andere Projekte geplant und umgesetzt mit der Voraussetzung, dass es einer Bildungskraft bedarf, die diese Projekte plant, finanziert und umsetzt? In der Auswertung des Fragebogens wird auf diese Fragen eingegangen.

Auch im zweiten Teil des Fragebogens, dem **„Abschnitt B: Fragen an die Lernenden"**, werden inhaltliche und strukturelle Brücken geschlagen. So zielen die Fragen 15 und 16 auf die maximale Abweichung der Unterrichtszeit vom Durchschnittswert ab, um festzustellen, ob und wann sich ein Wochentag für die Durchführung eines Trommelworkshops im Nachschulbereich anbietet. In den Fragen 17 und 18 soll möglichst festgestellt werden, ob es überhaupt einen Bedarf von Schülern an einem wie im Projekt geplanten Angebot gibt. So kann davon ausgegangen werden, dass bei einer außerschulischen Betätigung der Mehrheit der Schüler nicht viel Potential für ein womöglich kostenpflichtiges Angebot bleibt. Auch bei den Fragen 19, 20 und 21 gibt es einen direkten Bezug zum geplanten Projekt. Je mehr direkter Kontakt von Schülern zu afrikanischen Trommeln, desto mehr Affinität kann sich für ein diese Instrumente nutzendes Angebot entwickelt. Zudem wird abgefragt, ob ein solches Angebot von den Schülern eher im direkten Anschluss an den Unterricht auf dem Gelände der Schule stattfinden sollte, um die Teilnahme der Schüler*innen zu erleichtern. Die Fragen 22 und 23 sollen einerseits die Bereitwilligkeit der Schüler abfragen, sich auf ein monatelanges Projekt einzulassen und in Verbindung zu Frage zehn eine eventuelle Durchführung einer Einführungsveranstaltung an Schulen in Form von einwöchigen Trommelworkshops abzufragen.

Der Bereich des **„Abschnitt C: freien Stellungnahme"** wird gesondert ausgewertet. Hier werden die Aussagen der Musik Lehrenden in Form von Zitaten genutzt, um in Bezug auf die aufgestellten Hypothesen Aussagen machen zu können. Alle drei Bereiche werden im folgenden Bereich inhaltlich ausgewertet.

4.3 Auswertung der Umfrage

Wie schon im Bereich der Planung der Befragung festgestellt wurde, war es trotz vorheriger Absprachen zwei Schulen kurzfristig nicht möglich, an der Befragung teilzunehmen. Zu diesen kann innerhalb der Auswertung keine Aussage getroffen werden. Neben diesen Schulen „elf" und „zwölf" konnte von den weiteren Schulen neun und zehn bis zum Ende der Bearbeitungszeit dieser Arbeit kein ausgefüllter Fragebogen zurückerhalten werden. An von den ursprünglich 13 ausgewählten Schulen wurden elf Fragebögen zur Bearbeitung versendet, von diesen elf wurden neun zurückgesendet. Lediglich 81,8% der versendeten Fragebögen können nun ausgewertet werden. Für eine vereinfachte Nutzung der Ergebnisse der Fragebögen werden in „Tabelle 9" die Antworten zusammengefasst. Wie schon beschrieben sind diese zur besseren Bearbeitung verschlüsselt. Die erste Antwort einer Frage wird mit einer eins, die zweite Antwort mit einer zwei gekennzeichnet. Dem Prinzip folgend erhält man eine logische Übersicht aller Fragen und Antworten sämtlicher ausgefüllter Fragebögen.

Abschnitt A: Fragen an die Lehrenden

Grundsätzlich sollen innerhalb der Auswertung Tendenzen offengelegt werden, welche sich bei verschiedenen Fragen abzeichnen. Im Abschnitt A des Fragebogens, welcher Fragen an die Musik Lehrenden richtet, sollen vor Allem die in der Einleitung genannten Hypothesen eins, zwei und vier auf ihren Wahrheitsgehalt hin überprüft werden. Am Ende dieses Bereichs nach Auswertung der einzelnen Fragen wird dazu Stellung genommen.

Nach Auswertung der neun genannten Fragebögen ergibt sich bei der ersten Frage ein Bild von gleich verteilten Antworten auf die Wahlmöglichkeiten „wenig", „manchmal" und „oft" mit jeweils drei Stimmen. Die Annahme, dass an keiner der befragten Schulen bisher perkussive Instrumente im Musikunterricht eingebunden wurden, kann also ausgeschlossen werden. Da die Einbindung von perkussiven Musikinstrumenten gewisse Kenntnisse beim Lehrenden voraussetzt, lässt dies den Schluss zu, dass zumindest bei neun Schulen Kenntnisse und Möglichkeiten der Einbeziehung solcher Instrumente in den Schulunterricht existieren. Je nach Kenntnisstand und Affinität beim Lehrenden und vor allem dem Vorhandensein im Schulinstrumentarium wird Percussion mehr oder weniger eingesetzt. Bestätigt wird dieser Schluss durch die Verbindung dieser Aussage mit der Frage fünf des Fragebogens. An denjenigen Schulen, an denen die Lehrenden perkussive Musikinstrumente bisher oft eingesetzt haben, empfinden sich diese in zwei Fällen als gut sowie in einem Fall als sehr gut mit Musikinstrumenten für den Musikunterricht der Schule ausgestattet. Im Vergleich dazu empfinden sich die drei Lehrenden, die bisher perkussive Musikinstrumente manchmal eingesetzt haben in zwei Fällen gerade ausreichend und nur einmal gut mit Musikinstrumenten ausgestattet. Der gleiche Bezug lässt sich zur fünften Frage herstellen, nämlich ob die Lehrenden sich finanziell gut ausgestattet in Bezug auf ihren Musikunterricht empfinden. Mit Ausnahme von Schule acht gibt es eine häufigere Einbindung der Musikinstrumente, je besser finanziell ausgestattet sich ein Musik Lehrender an seiner Schule empfindet. Interessant ist in diesem Zusammenhang der Bezug zur Frage acht. Hier wurde nach den eigenen Erfahrungen der Musik Lehrenden mit Perkussionsinstrumenten gefragt. Mit Ausnahme der Schule 13, welche mit „viele" antwortete, haben alle anderen acht Lehrer*innen bisher nur wenige eigene Erfahrungen machen können. Es gibt also sechs Pädagogen, welche in ihrem Unterricht Perkussionsinstrumente manchmal oder oft nutzen, ohne eigene Erfahrungen mit den Instrumenten gemacht zu haben. Aus diesem Zusammenhang heraus den Bedarf nach einer musikalisch-perkussiv gebildeten Fachkraft zu schließen, liegt nahe.

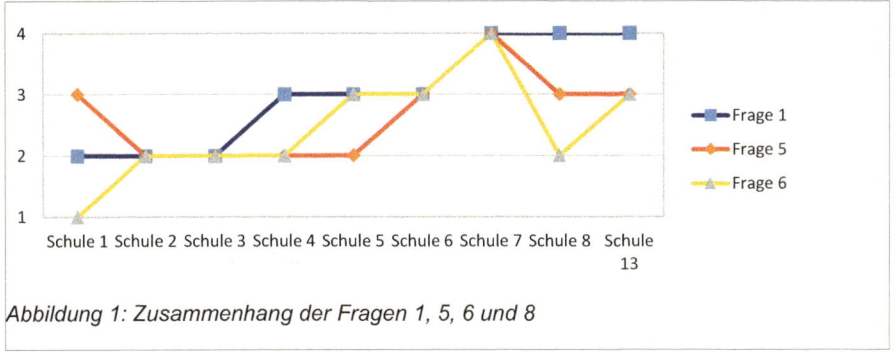

Abbildung 1: Zusammenhang der Fragen 1, 5, 6 und 8

Betrachtet man sich die Ergebnisse der Frage zwei, wird deutlich, wie wichtig eine solche Fachkraft wäre. Die Frage, in welchem Umfang der Bereich Taktgefühl und Rhythmus im Musikunterricht thematisch behandelt wird, beantworten fünf der neun Musiklehrer*innen mit „oft", drei mit „manchmal" und nur einmal wird die Möglichkeit „wenig" gewählt. Über die Hälfte der befragten Musik Lehrenden greifen also, in welcher Form auch immer, das Thema Takt und Rhythmus im Musikunterricht auf. Geht man an dieser Stelle erneut auf die Erkenntnisse aus Frage acht ein, wird ersichtlich, dass die weitergegebenen Fähigkeiten und Erfahrungen mit dem Thema Rhythmus und Taktgefühl wenig mit eigenen Erfahrungen der Lehrenden zu tun haben können. Hier stellt sich die Frage nach der Authentizität der Vermittlung von Wissen.

Auch bei der Betrachtung der dritten Frage entsteht eine klare Aussage: hier wird nach der Notwendigkeit von zusätzlichen Fördermöglichkeiten für Schüler*innen gefragt. Von neun Schulen empfinden sechs Lehrer*innen zumindest bei manchen Lernenden zusätzliche Fördermöglichkeiten als notwendig, drei Musik Lehrende benennen ihr Empfinden gar bei vielen Schüler*innen als notwendig. Keine oder nur wenigen Angebote zusätzlich zu den bestehenden zu implementieren, wird von allen Pädagog*innen ausgeschlossen. Die Formulierung der Notwendigkeit innerhalb der Frage impliziert direkten Handlungsbedarf, der anscheinend bisher nicht erfolgen konnte. Neben dem Förderbedarf richtet Frage vier des Fragebogens ein Augenmerk auf notwendige zusätzliche Auslastungsmöglichkeiten für Kinder mit besonderen Fähigkeiten im Bereich Taktgefühl und Rhythmus. Hier wird die Wahlmöglichkeit, keine zusätzlichen Angebote als notwendig zu empfinden, von keinem Musik Lehrenden gewählt. Zwei Musiklehrer*innen empfinden weitere Auslastungsmöglichkeiten als wenig notwendig, fünf Mal wurde bei manchen Schüler*innen der Bedarf festgestellt und zweimal wurde er bei vielen erkannt. Beide Fragen implizieren, dass zumindest bei manchen Lernenden die Notwendigkeit von zusätzlichen Angeboten gegeben ist. Auffällig an diesem Punkt sind die Aussagen von Schule vier und acht. Beide dort unterrichtenden Pädagog*innen empfanden als einzige bei vielen Schüler*innen zusätzliche Bedarfe als notwendig, obwohl diese in Frage zwölf, welche dauerhaft bestehende Musikprojekte abfragte, angaben, dass an ihrer Schule mindestens zwei Projekte schon bestehen. Eine der beiden Schulen bietet für die Schüler*innen bereits zusätzlich zum Musikunterricht einen Chor und eine Keyboardgruppe an, die andere Schule ermöglicht die Teilnahme an einem Chor und das Erlernen von Keyboard oder Flöte. Warum trotz der Vielzahl an Angeboten weiterer Förderbedarf besteht lässt sich durch gesteigertes Engagement der Lehrenden erklären. In der später auszuwertenden Frage 27 möchten beide Befragten bei Umsetzung des Projekts angesprochen werden, um zu prüfen, ob das geplante Trommelprojekt an ihrer Schule durchgeführt werden kann. Auch werden die Fragen 14 und 15, in denen nach einer Anzahl an Schülern gefragt wird, denen ein förderndes oder weiterbildendes Angebot empfohlen wird, mit zweistelligen Zahlen beantwortet. Interessanterweise sind es auch diese beiden Lehrenden, welche in Frage 7, in der die musikalischen Fähigkeiten der Schüler*innen im Bereich Taktgefühl und Rhythmus abgefragt werden, am unteren Ende der Skala die Frage mit „gerade ausreichend" beantworten. Trotz vieler Angebote werden die genannten Fähigkeiten also als nicht gut oder sehr gut empfunden. Dieses hoch angesetzte Maß an die Fähigkeiten ihrer Schüler*innen bestätigt ebenfalls ein gewisses Engagement der Pädagog*innen.

Neben den zwei genannten Antworten schätzen sechs weitere Lehrer*innen die Fähigkeiten ihrer Lernenden im Bereich Taktgefühl und Rhythmus als gut ein, eine weitere gerade ausreichende Einschätzung wird ebenfalls gegeben. Von diesen sechs Schulen bieten vergleichend zu Frage zwölf jedoch vier keine dauerhaften Musikprojekte an ihrer Schule an. Diese vier Schulen beantworten die Fragen 14 und 15 (Empfehlungen für Förder- & Weiterbildung) mit unterdurchschnittlicher Schüleranzahl. Trotz des weniger starken Bedarfs an diesen Schulen wünschen sich drei von ihnen bezugnehmend auf Frage 27 den Kontakt im Falle der Umsetzung des Trommelprojektes. Ein grundsätzliches Interesse am Projekt liegt also vor.

Die schon genannten Ergebnisse von Frage acht können bezugnehmend auf das Kapitel 1.1 Percussion in der Musikpädagogik auch Schlussfolgerungen die Weiterbildungslandschaft im entsprechenden Bundesland betreffend beinhalten. Wie in diesem Kapitel näher erläutert, bestehen am Beispiel des AfS in den ostdeutschen Bundesländern nur wenige bis keine Möglichkeiten einer Fortbildung für Musik Lehrende. Dies ist auch nicht notwendig, wie in einem Artikel der Neuen Musikzeitung beschrieben.

„Fort- und Weiterbildung wird oft nicht im notwendigen Maße wahrgenommen, da es für feste und freie Instrumental- und Vokalpädagogen keine Verpflichtung zur Weiterbildung gibt." (Barbara Lieberwirth, 2007). So liegt der Schluss nahe, dass auch aufgrund fehlender Weiterbildungen im Bereich Percussion erst wenige Musiklehrer*innen Erfahrungen mit solchen Instrumenten machen konnten. Die Ausbildung von Musik Lehrenden, im Speziellen die dabei erlernbare Bandbreite an Musikinstrumenten, zu hinterfragen, würde an dieser Stelle den Rahmen dieser Arbeit sprengen.

In der folgenden Frage neun des Fragebogens steht die Möglichkeit im Raum, als externe Fachkraft an der jeweiligen Schule im Rahmen einer Unterrichtsstunde ein Musikprojekt durchzuführen. Hintergrund dieser Frage ist die mögliche Bewerbung des geplanten Projekts durch einmalige, stundenweise Trommelworkshops an Schulen. Innerhalb dieser Projektstunde kann bei Lehrenden und Lernenden Interesse für das geplante Projekt geweckt werden. Das Ergebnis dieser Frage ist eindeutig: acht der neun auszuwertenden Fragebögen geben die Antwort „ja" der Befragten wieder. Lediglich eine Stimme gibt hier die Antwort „keine Wertung" an. An acht Schulen ist demnach das Angebot eines einmaligen Unterrichtsprojekts möglich, dies sollte bei der Planung und Durchführung des geplanten Projekts berücksichtigt werden. Hier kann bei Anwendung der Aussage auf alle Schulen der Stadt 1 davon ausgegangen werden, dass ein Großteil der Schulen auf ein solches, einmaliges Angebot eingehen wird.

In Frage zehn wird dieser Ansatz weiterverfolgt. Hier wird nach der Möglichkeit der Durchführung eines einwöchigen Musikprojekts gefragt, entweder im Rahmen eines Ferienprojekts oder als Projektwoche in der Schulzeit. Auch bei dieser Frage spricht sich die Mehrzahl der antwortenden Pädagog*innen für die Durchführung aus, sechs von ihnen beantworten die Frage mit „ja", lediglich zwei mit „nein" und erneut gibt es einmal „keine Wertung". Auch wenn bei dieser Frage zwei Ja-Antworten weniger gegeben wurden, beinhaltet die mögliche Durchführung von sechs Projektwochen an Schulen für die Bewerbung eines Jahresprojekts genügend Potential, um diese Idee weiterzuverfolgen. Bei sechs von neun Antworten, also einer Zusagequote von über 66%, kann davon ausgegangen werden, dass auch andere, nicht befragte Schulen in Stadt 1 an einem solchen Angebot interessiert sind. Bezugnehmend auf Frage 27 muss an dieser Stelle noch erwähnt werden, dass eine der beiden „nein"-Stimmen diese Frage nach Kontaktwunsch ob der Durchführung des Trommelprojekts mit „ja" beantwortet hat. Es scheint in diesem Fall also grundsätzliches Interesse zu bestehen, allein die Machbarkeit eines einwöchigen Projekts scheint nicht gegeben. Auch der Verweis auf Frage 22 des Abschnitt B: Fragen an die Lernenden bestätigt das Bild, einwöchige Projekte durchführen zu können. Hier wurden die Schüler*innen nach dem Interesse an einem einwöchigen Trommelkurs befragt. Mit Ausnahme einer Schule wünschen sich Lernende im zweistelligen Bereich ein Wochenprojekt an den Schulen, an denen die Pädagog*innen es auch gutheißen. Es entsteht der bestmögliche Fall: Schüler*innen und Lehrende gleichermaßen unterstützen ein Wochenprojekt durch ihr Interesse. In den Klassen, in denen der Lehrende selbst ein Wochenprojekt ablehnt, sind jedoch wenige Schüler*innen daran interessiert. An dieser Stelle muss auf den Einfluss der Musik Lehrenden eingegangen werden. So prägt beispielsweise die Einstellung der Lehrenden an Schule drei das Interessenbild der Lernenden: für ein Wochenprojekt gibt es kein Interesse, es existieren keine außerschulischen Musikangebote, auch der Kontaktwunsch zur Information über das Jahresprojekt ist nicht gewünscht. Gleichzeitig gibt es nur einen einzigen Lernenden, der jeweils die Fragen 20 bis 23 positiv beantwortet. Hier wurde die Schulklasse nach dem Interesse an einem Trommelkurs in verschiedenen Modi befragt. Dieser womöglich direkte Zusammenhang zwischen dem Interesse des Lehrenden an einem Projekt und dem sich anschließenden Interesse der Schüler*innen der Klasse muss bei der eventuellen Durchführung des Trommelprojekts beachtet werden. Die Pädagog*innen scheinen hier eine Schlüsselposition für die Motivation an der Teilnahme am Trommelprojekt einzunehmen. Diese sollte beachtet und eingebunden werden.

Passend hierzu wurden in Frage 11 die Musik Lehrenden befragt, ob sie die Teilnahme an einem externen Musikangebot in der jeweiligen Schule als Anreiz für die Schüler*innen in die Notengebung ihres Unterrichts einfließen lassen würden. Eine eindeutige Aussage bleibt hier jedoch auch, lediglich vier Lehrer*innen antworten mit „ja", drei Lehrende mit „nein", zwei Mal gibt es „keine Wertung". Zu diesem Thema gibt es also Klärungsbedarf, wenn auch nicht dringenden.

Trotz vorheriger Bezugnahmen ist die Beleuchtung der Frage zwölf notwendig, es wurde darin nach dauerhaften Musikprojekten an den jeweiligen Schulen gefragt. Von den neun Antwortenden wurde nur 4 Mal die Aussage getroffen, dass es Musikprojekte an ihrer Schule gibt, fünf Mal wurde festgestellt, dass kein Musikprojekt angeboten wird. In erster Linie kann hier für die Planung und Durchführung des Trommelprojekts postuliert werden, dass über 50% der antwortenden Schulen aufgrund fehlender eigener Ressourcen womöglich interessiert an externen Projekten sind. Das bestätigt sich auch in Verbindung mit Frage 27: vier der fünf Lehrer*innen, an deren Schule kein Projekt existiert, wünschen sich die schon beschriebene Kontaktaufnahme. Zudem ist mit Blick auf die Beantwortung der folgenden Frage 13 ersichtlich, dass trotz der Musikprojekte an den vier Schulen nur jeweils ein Teil der Schüler*innen an diesen teilnimmt. Vergleichend mit Frage 28, in der die Gesamtanzahl der Schüler*innen an der Schule erfragt wird, ist in der folgenden Abbildung 2 ersichtlich, dass trotz bereits angebotener Projekte noch eine große Zahl an Schüler*innen für ein weiteres Projekt zur Verfügung stünden. Hier gibt die Fläche in blau die Differenz der Gesamtschülerzahl von der an Schulprojekten teilnehmenden Schülern an.

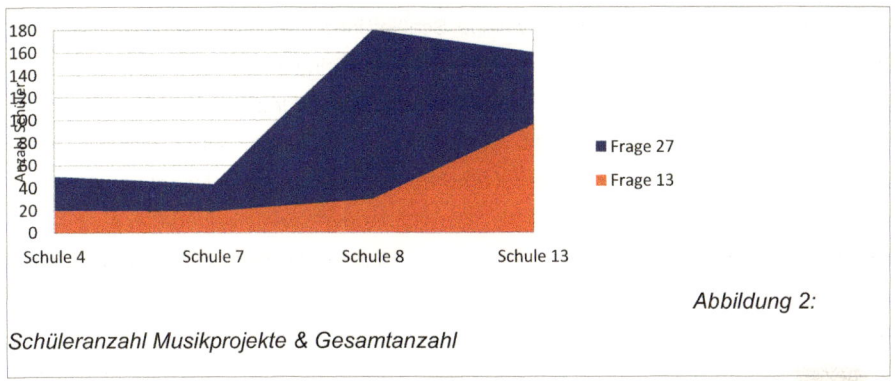

Abbildung 2:

Schüleranzahl Musikprojekte & Gesamtanzahl

Der Förderbedarf im Bereich Taktgefühl und Rhythmus für Kinder einer Schulklasse wurde in Frage 14 abgefragt. Die Empfehlungen der Lehrer*innen variieren hier zwischen der Anzahl von fünf Schüler*innen der befragten Klasse bis hin zu 30 Schüler*innen, denen ein förderndes Angebot empfohlen wird. Zwei Pädagoginnen geben hier die Anzahl null an. Bei also mindestens fünf Schülern je Klasse und mindestens zwei Klassen je Klassenstufe ist der Mindestbedarf für einen Trommelkurs mit zehn Teilnehmern gedeckt. In Schule acht, in welcher gar bei 30 Schülern Bedarfe gesehen werden, gäbe es die Möglichkeit, mehrere Kurse anzubieten.

Neben dem bedarfsorientierten Blick folgt in Frage 15 die Empfehlung der Lehrenden zur Weiterbildung von besonderen rhythmischen Fähigkeiten. Wie schon beschrieben scheint der Blick auf die Fähigkeiten von Schüler*innen weniger genau als der auf die Bedarfe. Ein ressourcenorientierter Ansatz kann, so scheint es, an dieser Stelle nicht vorausgesetzt werden. Eine andere Möglichkeit der Deutung besteht natürlich auch in der Annahme, dass nur wenige Schüler*innen besondere rhythmische Fähigkeiten besitzen, dies würde aber wie bereits besprochen den Antworten der Frage vier widersprechen.

Die bisher beleuchteten 15 Fragen des Abschnitt A des Fragebogens zeigen bis zu diesem Punkt ein klares Bild in Bezug auf das geplante Trommelprojekt auf. Dieses soll im folgenden Absatz 4 zusammengefasst und gedeutet werden. Ergänzt wird diese Zusammenfassung durch die Ergebnisse aus Abschnitt B des Fragebogens, der Fragen an die Lehrenden.

Abschnitt B: Fragen an die Lernenden

Im zweiten Abschnitt der Befragung sind die Musiklehrer*innen aufgefordert, Schüler*innen einer ausgewählten Klasse die Fragen 15 bis 23 zu stellen. Diese Fragen zielen auf das Erhalten von Informationen ab, die für die Durchführung des geplanten Projektes von Wichtigkeit sein können. Ebenso sollen die in der Einleitung dieser Arbeit genannten Hypothesen eins, zwei und fünf überprüft werden. Wie im Abschnitt A des Fragebogens soll nun also möglichst festgestellt werden, dass Trommelworkshops für Kinder und Jugendliche von diesen erwünscht und gewünscht sind. Auch soll festgestellt werden, in welchem Rahmen perkussive Musikinstrumente genutzt werden und wie sehr Fähigkeiten wie Taktgefühl und Rhythmus bei den Kindern und Jugendlichen ausgeprägt sind. Im Abschnitt B werden auch Fragen beantwortet, die in den Bereich der Durchführbarkeit einfließen. Wie im Abschnitt A werden die Antworten analysiert und im folgenden Bereich 4 und 5 gespiegelt um ein Fazit zu erarbeiten.

Die im Fragebogen als 15.2 gekennzeichnete Frage steht in direkter Verbindung mit der darauf folgenden Frage 16, beide erfragen die Schulschlusszeiten der Schüler*innen. Ziel dieser beiden Fragen ist es, herauszufinden, ob es Tage in der Schulwoche der Befragten gibt, an denen das geplante Trommelprojekt direkt im Anschluss an den Schulunterricht stattfinden kann. In diesem Kontext steht im Raum, dass in Verbindung zu Frage 20 und 21 Schüler*innen die Teilnahme erleichtert würde, könnten die Schüler*innen möglichst ohne lange Überbrückungszeiten direkt zum Projekt wechseln. Innerhalb von Grundschulen käme bei längeren Zeiten zwischen Projekt und letzter Schulstunde die Frage auf, wer die am Projekt teilnehmenden Kinder in diesem Zeitraum betreuen sollte. Um derartige Fragen von vorn herein auszuschließen, sollte bei der Planung des Projekts darauf geachtet werden, einen Wochenkalender zu gestalten, in dem die Schulzeiten der Kinder Beachtung finden. So ergibt sich aus der Differenz der Frage 15.2 zu Frage 16.2 auch die Erkenntnis, wie viel früher Schüler*innen im Gegensatz zum durchschnittlichen Unterrichtsende Zeit für ein Projekt haben. Dahinter steht der Gedanke, dass ein Projekt eher angenommen würde, wenn er im durchschnittlichen Zeitrahmen der Unterrichtszeit durchgeführt würde. Das Projekt beispielsweise an einem Freitag ab 16.00 Uhr durchführen zu wollen, würde auf wenig Interesse stoßen.

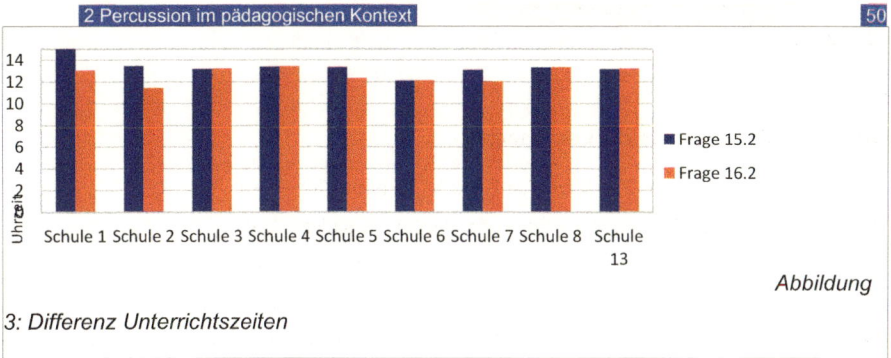

Abbildung

3: Differenz Unterrichtszeiten

Aus Abbildung drei lassen sich nun zwei Erkenntnisse gewinnen. Einerseits gibt es an vier der neun Schulen die zeitliche Lücke zwischen durchschnittlicher und maximaler Schulendzeit, hier kann direkt angesetzt werden, wenn ein Wochenplan erstellt werden soll. Andererseits gibt es an fünf Schulen keine zeitlichen Differenzen, da an diesen Schulen der Unterricht an jedem Tag zur selben Zeit beendet ist. Eine genaue Aussage zu Schule 6 ist an dieser Stelle nicht möglich, da nach Auswertung des Fragebogens die Antworten widersprüchlich sind. Die Fragen 15.2 und 16.2 wurden beide mit der Uhrzeit 12:10 Uhr beantwortet, die Frage 16.1 nach dem Tag des zeitigsten Schulschlusses wurde mit „Dienstag-Freitag" beantwortet. Die Frage nach der Schulschlusszeit am Montag steht im Raum. Neben diesem Sachverhalt wird hierzu die Erkenntnis eingebracht, dass an den meisten Grundschulen die tägliche Schulschlusszeit im Verlauf einer Woche gleich ist. An Grundschulen ist also grundsätzlich davon auszugehen, dass ein Projekt im Nachmittagsbereich außerhalb der von den Schüler*innen und Eltern gefühlten durchschnittlichen Schulzeit stattfinden wird. Dies sollte bei der Bewerbung des geplanten Projektes beachtet werden.

Die folgenden Fragen 17 und 18 sollen nach außerschulischen Aktivitäten im musikalischen und nicht-musikalischen Bereich fragen. Hier ist festzustellen, dass an Schulen, an denen Projekte bereits angeboten werden und an denen die Lehrer*innen an weiteren Projekten interessiert sind, die Lernenden selbst auch außerschulisch reges Interesse zeigen.

Die direkte Affinität zu afrikanischen Musikinstrumenten wird in der nun folgenden Frage 19 abgefragt. In dieser wird nach der Anzahl der in der befragten Schulklasse anwesenden Schüler*innen gefragt, die bisher schon einmal eine afrikanische Trommel in der Hand hatten oder gar eine zuhause haben. Mit Ausnahme der Schulen sechs und sieben (Antworten: null beziehungsweise ein Schüler) gibt es neben zwei Schulen mit einstelliger Anzahl an Lernenden an fünf Schulen sogar eine zweistellige Anzahl an Schüler*innen in der befragten Klasse, die diese Frage positiv beantworten kann. Afrikanische Trommeln sind also in sieben von neun Schulkassen durchaus bekannt. Diese Affinität sollte für das geplante Trommelprojekt genutzt werden.

Im Folgenden werden die Fragen 20 bis 23 im Zusammenhang erläutert. Das grundsätzliche Interesse an einem Trommelkurs in verschiedenen Settings wird hier erfragt. Der Überblick in Tabelle acht macht deutlich, dass auch diese Frage von Schulen, die grundsätzlich an der Kontaktaufnahme interessiert sind, mit deutlich höheren Schülerzahlen geantwortet haben. Der schon genannte Zusammenhang, ob das Interesse des Lehrenden Einfluss auf das der Lernenden hat oder ob fehlendes Interesse der Schüler*innen eine Kontaktaufnahme überflüssig macht, kann an dieser Stelle nicht beantwortet werden. Wichtig in Bezug auf die konkreten Daten ist hier Schule acht zu nennen, deren Beantwortung der Fragen 20 bis 23 ein Bild liefert, welches nicht real sein kann. Die maximale Anzahl an Schüler*innen ist bei der Beantwortung der Fragen massiv überstiegen. Es ist davon auszugehen, dass bei der Beantwortung entweder Bezug auf die Klassenstufe, wenn nicht auf die gesamte Schule genommen wurde. Nachvollziehen lässt sich das an dieser Stelle nicht. Lässt man die Schule drei, sieben und acht bei dieser Frage außer Acht, entsteht die Aussage, dass durchaus grundsätzliches Interesse an einem ein Schuljahr lang stattfindenden Projekt besteht, gesteigertes Interesse jedoch kann bei Frage 22 festgestellt werden. Die Anzahl der befragten Schüler votieren bei dieser Frage im Gegensatz zur den Fragen 20 bis 23 mengenmäßig stark für die Durchführung eines Trommelworkshops, sollte dieser als einwöchiges Projekt durchgeführt werden. Dieses Ergebnis legt erneut die Idee nahe, das langfristig geplante Projekt mit der Dauer eines Schuljahres durch wochenweise stattfindende Projekte zu bewerben und Interesse bei Lernenden und Lehrenden zu wecken. Die Daten der Antworten zu den Fragen 20 bis 23 werden in der Abbildung vier zusammengefasst. Hierbei werden die Daten der Schule acht aufgrund der Realitätsferne verändert. Schule acht hat als Grundschule mit insgesamt 180 Schüler*innen diese in mindestens vier Klassenstufen untergebracht. An dieser Stelle wird zur realistischen Darstellung der Werte in Abbildung vier davon ausgegangen, dass der oder die Befragte die Antworten in Bezug auf die Klassenstufe gegeben hat. Mit der Teilung der angegebenen Werte durch die vier Klassenstufen ergibt sich ein realistischeres Bild.

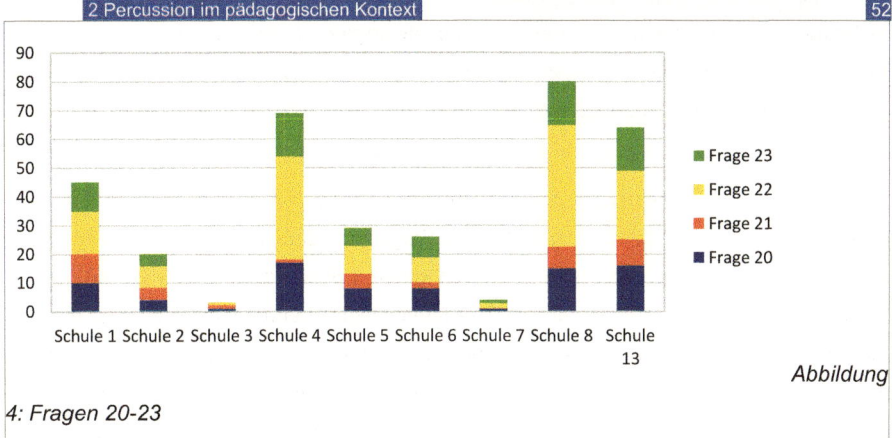

Abbildung 4: Fragen 20-23

Betrachtet man die zahlenmäßigen Mengen der Schüler*innen, scheint auch an dieser Stelle die Durchführung des Projektes mit Kursen à jeweils zehn Teilnehmer*innen durchaus realistisch.

Abschnitt C: freie Stellungnahme

Mit dem dritten Abschnitt des Fragebogens wurde den Befragten die Möglichkeit gegeben, eigene Aussagen zur Befragung, zum geplanten Projekt und zu sonstigen Inhalten zu machen. Diese schriftlich gemachten Aussagen werden in diesem Abschnitt ausgewertet. Auch die Antworten auf die letzten beiden Fragen 27 und 28, auf die bereits mehrfach Bezug genommen wurde, sollen nochmals eigenständig untersucht werden.

Genutzt wurde die Möglichkeit zur freien Stellungnahme nur von drei Pädagog*innen, und das auch nur zu den Fragen 24 und 25. Keiner der Befragten nutzte das Textfeld zu Frage 26. Dies kann auf die gründliche Beschreibung des Projekts in der Einleitung des Fragebogens und das gut ausgearbeitete Tutorial hinweisen. Interessant ist an dieser Stelle zu Frage 24 die Aussage des an Schule acht Lehrenden: „ist es mal wieder nur Theorie oder wird es auch in die Praxis umgesetzt?". In dieser Aussage ist deutlich herauszulesen, dass es bereits Erfahrungen mit voran gegangenen Befragungen gegeben haben muss, welche nicht umgesetzt worden sind. Äußerst positiv ist die Aussage des Befragten der Schule fünf zu bewerten: „hat mir geholfen, eine andere Sichtweise auf Mu-Unt. [Anm.: Musikunterricht] zu bekommen – war für mich Input, mal wieder was anderes auszuprobieren". Dass ein*e an einer Grundschule arbeitende*r Pädagog*in eine Befragung zum Anlass nimmt, die Sicht auf den eigenen Unterricht neu zu bewerten und Fragen als konstruktiven Input zu sehen, wird an dieser Stelle lobend hervorgehoben.

Ein weiteres Zitat einer der drei Musik Lehrenden bestätigt in vollem Umfang die Intention des geplanten Projektes: „- sehr gute Idee - wird von den Schülern bestimmt sehr gut angenommen - besonders geeignet für Konzentrationsprobleme einiger Schüler". Auch das folgende Zitat des Lehrenden an Schule 5 meint: „empfinde ich persönlich sehr interessant und wichtig, um Kd./Jugendl. Freude zu vermitteln, Zusammengehörigkeitsgefühl herauszubilden / ihnen Ziele zu zeigen, die sie erlangen können (wollen)".

An diesem Punkt stellt sich die Frage, ob das Wissen um Zusammenhänge mit der Konzentrationsfähigkeit eines Musizierenden empathisch entstanden sind oder als Wissen vorhanden waren. Im besten Falle ist es bei Durchführung des Projektes möglich, mit einem musikpädagogisch weitergebildeten Lehrenden zu interagieren.

Ein weiteres Zitat lautet: "Zu Frage 27.) Wie ist der Trommelworkshop inhaltlich aufgebaut?" bittet eine befragte Person um weiterführende Informationen zum Trommelworkshop. Diese sollen in weiterführenden Arbeiten zusammengestellt werden.

Die Frage 27 des Fragebogens wurde, wie schon angedeutet, deutlich Hypothese eins der Einleitung bestätigend, mit sieben „Ja"-Antworten, einem „Nein" sowie einmaliger „keiner Wertung" beantwortet. Mehr als 77% der Antwortenden scheinen also interessiert an der Durchführung des Projekts. Bei Extrapolation dieser Werte auf das Stadtgebiet der untersuchten Stadt kann also ein reges Interesse am geplanten Projekt angenommen werden.

Frage / Antwort	1	2	3	4	5	6	7	8	13
1	2	2	2	3	3	3	4	4	4
2	4	3	2	3	4	3	4	4	4
3	4	3	3	4	3	3	3	4	3
4	3	3	3	4	3	2	2	4	3
5	3	2	2	2	2	3	4	3	3
6	1	2	2	2	3	3	4	2	3
7	2	3	3	2	3	3	3	2	3
8	2	2	2	2	2	2	2	2	3
9	1	1	1	1	1	1	3	1	1
10	1	1	2	1	1	2	3	1	1
11	3	1	3	1	1	2	2	1	2
12	2	2	2	1	2	2	1	1	1
13	-	0	0	20	0	0	19	30	96
14	10	5	0	15	10	0	7	30	5
15.1	10	4	0	10	5	0	1	30	7

Frage / Antwort	1	2	3	4	5	6	7	8	13
15.2	15	13:45	13:15	13:35	13:30	12:10	13:05	13:30	13:15
16.1	Fr.	Fr.	jeder	jeder	Di.	Di.-Fr.	Fr.	jeder	jeder
16.2	13:00	11:40	13:15	13:35	12:25	12:10	12:00	13:30	13:15
17	2	1	2	25	5	2	8	20	25
18	10	7	12	30	13	4	9	120	41
19	10	6	5	25	10	0	1	30	44
20	10	4	1	17	8	8	1	60	16
21	10	4	1	1	5	2	0	30	9
22	15	8	1	36	10	9	2	170	24
23	10	4	0	15	6	7	1	60	15
24	-	-	-	-	Text	-	-	Text	Text
25	-	-	-	-		-	-	Text	Text
26	-	-	-	-	-	-	-	-	-
27	1	1	2	1	1	1	3	1	1
28	260	310	260	50	158	152	43	180	160

Tabelle 8: Auswertung des Fragebogens

5 wissenschaftliche Erkenntnisse

Das durch die Literaturrecherche, der Auseinandersetzung mit verschiedenen Themen und der Auswertung des Fragebogens angesammelte Wissen soll in diesem Abschnitt zusammengefasst werden. Ziel ist es, sämtliche aufgestellte Hypothesen mit erarbeiteten Erkenntnissen zu untermauern. Es stellt sich die grundlegende Frage, ob alle Hypothesen mit diesem Wissen bestätigt werden können.

Vorerst werden an dieser Stelle die ausgewerteten Fragen des Fragebogens zusammengefasst. Eine Reihe von Aussagen und Festlegungen konnten durch die Auswertung der Umfrage festgestellt werden. So liegt nach Auswertung der ersten Frage des Fragebogens der Schluss nahe, dass es an den befragten Schulen einer größeren Auswahl an Musikinstrumenten bedarf. In Verbindung mit Frage acht stellt sich auch der Bedarf einer zugehörigen instrumental-musikalisch gebildeten Fachkraft heraus. Da Lehrer*innen innerhalb ihrer Ausbildung Zugriff auf ein nur sehr eingeschränktes Spektrum von Musikinstrumenten haben, kann das geplante Trommelprojekt sich dieses Bedarfs annehmen. Diese Aussagen stehen im Zusammenhang mit der aus Frage zwei herausgebildeten Vermutung, die Authentizität der Vermittlung von Wissen könnte eingeschränkt sein, sollten Fähigkeiten wie Taktgefühl und Rhythmusfähigkeit nicht im praktischen Bezug vermittelt werden, sondern deren Vermittlung auf rein theoretischen Grundlagen basieren. Hieran anschließend steht mit der Auswertung der Frage 15 neben der Bedarfsdeckung von Förderung auch ein weiterer Ansatz im Raum: fehlendes Interesse, Wissen und Erfahrungen könnten dazu führen, Fähigkeiten im Bereich Taktgefühl und Rhythmus bei Kindern überhaupt zu erkennen.

Quintessenz der Fragen neun, zehn und 22 ist die eindeutige Fürsprache von Lehrenden und Lernenden für Tages- und Wochenprojekte. Dieses Interesse vereint Schüler*innen und Pädagog*innen und bietet Angriffsfläche für das Entstehen eines gemeinsamen Projektes. Für diesen Fall ist die schon aufgearbeitete Nutzung der Schlüsselposition des Lehrenden notwendig. Bei der Ausarbeitung des geplanten Projektes steht die Idee im Raum, Musiklehrer*innen direkt mit einzubeziehen, um noch mehr deren Bedürfnisse und Hinweise wahrnehmen zu können.

Die ausgewerteten Fragen 15 und 16 lassen eindeutige Handlungsmöglichkeiten für die Erstellung eines konkreten Zeitplanes bei der Ausarbeitung des geplanten Projektes zu. Mit den schon genannten Informationen lässt sich bei Ausarbeitung eines konkreten Konzeptes ein Wochenplan erstellen, der die geplanten Kurse bestmöglich in den Unterrichtsablauf einbettet.

Das aus der Beantwortung der Fragen 20 bis 23 erarbeitete Interesse der Schüler*innen am einwöchigen und ganzjährigen Trommelkurs wurde mehrfach genannt und bietet interessante Ansätze, um das geplante Projekt zu erweitern. Die indirekte Fürsprache für die Durchführung des Projektes innerhalb des Schulgeländes unterstreicht die Realitätsnähe der bisher ausgearbeiteten konzeptionellen Ansätze.

Aus dieser Zusammenfassung heraus lassen sich Hypothesen bestätigen, die in der Einleitung dieser Bachelorarbeit formuliert wurden. So ist die erste Hypothese, in der Trommelworkshops für Kinder und Jugendliche an Schulen von Lernenden und Lehrenden als erwünscht und gewünscht bezeichnet wurden, zutreffend. Mehrfach konnten Aussagen von Lernenden und Lehrenden dahingehend ausgewertet werden, dass ein eindeutiges Interesse und selbst der Wunsch nach Aufbau eines Kontaktes festgestellt werden konnte. Dies gilt auch für die vierte These, nach der Musiklehrer*innen Trommelworkshops als Erweiterung des Musikunterrichts in Schulen annehmen und das geplante Projekt unterstützen. Diese Hypothese wird durch die Auswertung des Fragebogens ebenfalls als erfüllt betrachtet. Neben der Unterstützung der Schüler*innen durch das Einfließen der Teilnahme am Projekt in die Notengebung, die mehrfache Empfehlung des Projekts an Schüler*innen mit besonderen Bedarfen und Fähigkeiten sowie der Möglichkeit der Durchführung von Tages- und Wochenprojekten wurden mehrere Wortmeldungen festgehalten, die dies bestätigen.

Die zweite Hypothese jedoch konnte durch die Auswertung der Befragung nicht zweifelsfrei bestätigt werden. Dass im Rahmen des schulischen Musikunterrichts perkussive Musikinstrumente wenig genutzt werden und Fähigkeiten wie Taktgefühl und Rhythmus wenig ausgeprägt sind, wurde im Abschnitt A des Fragebogens durch die Lehrenden selbst nur zum Teil festgestellt. Eine große Anzahl an Pädagog*innen nutzte diese Musikinstrumente bisher manchmal oder oft, thematisierte Taktgefühl und Rhythmus manchmal und zahlenmäßig häufig sogar oft und konnte den Schüler*innen sogar gerade ausreichende bis häufiger gute Fähigkeiten in diesen Bereichen zusprechen. Trotz der genannten Verbesserungsbedarfe scheinen das Wissen und die Fähigkeiten der Lernenden auf einem zumindest guten Stand zu sein.

Die Durchführbarkeit, Finanzierbarkeit und Realisierung der Organisation des Trommelprojektes, welche in Hypothese drei der Einleitung thematisiert wurde, konnte im konzeptionellen Bereich dieser Bachelorarbeit analysiert werden. Mittels einer Zielgruppenbeschreibung und -analyse, einer differenzierten Kostenplanung und der Aufstellung verschiedener Ansätze für die Finanzierung des geplanten Projektes kann die reale Machbarkeit festgestellt werden. Auch die Nutzung des rechtlichen Rahmens der

Schulsozialarbeit an den jeweiligen Schulen wurde im Kapitel 3.1 dieser Arbeit besprochen. Die in Hypothese sechs beschriebenen idealen Voraussetzungen konnten in diesem Kapitel herausgearbeitet werden und durch die Nutzung für die Unterstützung bei der Befragung der Lehrenden an Schulen genutzt werden.

Die zuletzt zur Überprüfung ausstehende Hypothese vier bedarf neben der Auseinandersetzung mit dem gesamten Bereich „Percussion im pädagogischen Kontext" auch einer im folgenden Abschnitt zum Ausblick gestellten wissenschaftlichen Analyse. Die exakte Feststellung, dass das Spielen von Percussion und Trommeln neben musikalischen und rhythmischen Fähigkeiten auch soziale, kommunikative und Selbstwahrnehmungsfähigkeiten erweitert, kann aus eigenen Erfahrungen nur über die unmittelbare Praxis eindeutig und allumfassend bestätigt werden und sollte weiterführend untersucht werden.

6 Fazit & Ausblick

Die Ausarbeitungen zum Konzept des Projektes „Trommelworkshops für Kinder und Jugendliche im Rahmen von Schulsozialarbeit in einer mitteldeutschen Großstadt" brachten eine Menge interessanter Fakten und Ansätze hervor, die im Einzelnen nachzuverfolgen den Rahmen dieser Arbeit sprengen würde. Die Festlegung auf verschiedener Bereiche, die zu bearbeiten möglich waren, musste an manchen Stellen rigoros verfolgt werden. Neben der Feststellung der jetzigen Ausgangssituation für das geplante Projekt soll weiterführend ein Ausblick auf kommende Arbeitsschritte erfolgen, um die Realisierung des Projekts voranzutreiben.

Die Erarbeitung der theoretischen Hintergründe zum Thema Percussion im Kontext von Pädagogik erwies sich zu Beginn der Arbeit als schwierig, nur wenig passende Lektüre konnte an den Bibliotheken der ortsnahen Hochschulen und Universitäten durch Ausleihe genutzt werden. Mit der Ausweitung der Literaturrecherche auf geografisch entferntere Universitäten und der Nutzung von Fernleihe sowie dem Erwerb von aktueller Fachliteratur konnten interessante Fachwerke herangezogen werden, die jedoch vor allem aus den alten Bundesländern stammen und dort in der pädagogischen Arbeit ihre Spuren hinterlassen haben. In der praktischen Arbeit mit Kindern und Jugendlichen sind Trommelworkshops in den neuen Bundesländern mittlerweile schon sehr präsent, vor allem in Musikschulen und durch private Anbieter, jedoch scheinen es kaum bis keine aktuellen wissenschaftlichen Erkenntnisse bei der Nutzung von Percussion im pädagogischen Bereich zu existieren. Neben dem Auftrag der Umsetzung des Projekts steht, so wurde erkannt, auch eine wissenschaftliche Analyse von dessen Wirkung auf die Fähigkeiten von Kindern und Jugendlichen in Bezug auf schulische, musikalische und entwicklungsrelevanten Fähigkeiten im Raum.

Die Erarbeitung und Nutzung des Fragebogens für die Befragung von Musiklehrenden an Schulen in Stadt 1 brachte neben wichtigen Hinweisen für die Durchführbarkeit des Projekts auch Kontakte mit sich, die es auszubauen gilt. Im Rahmen der Befragung konnte sogar ein freier Träger, ansässig in Stadt 1, für weiterführende Gespräche das geplante Projekt betreffend interessiert werden. Auch konnte Kontakt zu einer Dozentin hergestellt werden, welche mehrjährige Berufserfahrung im Bereich Projektmanagement vorweisen kann. Dieser Kontakt kann für die möglichst fachliche Ausarbeitung des Projekts herangezogen werden. Neben diesen für das Projekt relevanten Themen steht die Erweiterung der Kenntnisse für eine wissenschaftliche Auswertung von Daten im Raum, die es anzugehen gilt. Eine möglichst quantitative Erhebung von Daten, für den Fall der Umsetzung von Trommelworkshops mit etwa 100 Schüler*innen muss angestrebt werden. Hierfür bedarf es weiterführender Aneignung von Wissen oder aber der Nutzung von geschulten Mitarbeitern. Ein weiterer Kontakt kann für die Durchführung des Projektes genutzt werden. Bei Gesprächen mit der Schulleitung einer an der Befragung teilnehmenden Schule wurde ein ebenfalls an Schulen in Stadt 1 agierender Trommelworkshopanbieter empfohlen, der bisher in kleinem Rahmen und ohne pädagogische Ziele Workshops anbietet. Eine Zusammenarbeit sollte in Betracht gezogen werden. Die Nutzung von musikpädagogischer Erfahrung ist bei der realen Umsetzung von großem Wert.

Abschließend soll auch dem eigennützigen Wert der Umsetzung genüge getan werden. Neben dem musikalischen Spiel und der allgegenwärtigen Möglichkeit der Entwicklung auf diesem und anderen Gebieten bei der Umsetzung des Projektes zielt die Erfassung von wissenschaftlichen Daten auch auf die Nutzung dieser für die Ausarbeitung einer Masterarbeit ab. Sollte sich das Projekt etablieren und Möglichkeiten eines erneuten Studiums mit sich bringen, bieten sich hier die idealen Voraussetzungen für eine wissenschaftliche Ausarbeitung auf höherem Niveau. Die stete Weiterentwicklung der eigenen Fähigkeiten bedarf neben dem Erkennen der eigenen Ziele auch immer der Möglichkeit der Umsetzung dieser.

7 Verzeichnisse

7.1 Literaturverzeichnis

Antholz, H. (1972). Unterricht in Musik. Ein historischer und systematischer Aufriss seiner Didaktik. Düsseldorf: Schwann.

Flick, U. (1991). Handlungsbuch Qualitative Sozialforschung. München: Psychologie Verlags Union.

Frohne, I. (1986). Musiktherapie auf der Grundlage der integrativen Gestalttherapie. Musiktherapeutische Umschau, 2, 112.

Hirler, S. (2009). Rhythmik – Spielen und Lernen im Kindergarten.Berlin: Cornelsen.

Maul, P. (1986). Überwindung von Verhaltensstörungen durch polyrhythmische Percussion. In: Musiktherapeutische Umschau, 7, 277.

Mell, A. (1900). Encyclopädisches Handbuch des Blindenwesens. Wien: Verlag von A.Pichlers Witwe und Sohn.

Meyberg, W. (1989). Trommelnderweise Trommeln in Therapie und Selbsterfahrung. Hemmoor: Großer Bär Druck&Verlag.

Moosbrugger, H. & Kelava, A. (2007). Testtheorie und Fragebogenkonstruktion. Heidelberg: Springer Medizin Verlag.

Müller, E. (2003). Das TROMMELErlebnisBuch (1.Aufl.). München: Don Bosco-Verlag.

Priestley, M. (1982). Musiktherapeutische Erfahrungen Grundlagen und Praxis. Kassel: Bärenreiter Verlag.

Schütz, V. (1985). Thesen zur Didaktik der Rockmusik. In Kleinen, Günther/Klüppelholz, Werner/Lugert & Wolf, D. (Hrsg.), Rockmusik. Musikunterricht Sekundarstufen. Düsseldorf: Schwann.

Schütz, V. (1984). Zur Faszination des Rhytmischen in der populären Musik. Ein Unterrichtsmodell. Musik und Bildung, 5, 352-356.

Staupendahl, F. (1998). Musik mit Blinden, Eine Einführung in die Musik- und Instrumentalpädagogik. Münster: Waxmann Verlag.

Strobel, W. & Huppann, G. (1978).Musiktherapie. Göttingen: Hogrefe.

7.2 Internetquellen

Berger, V., Jugendreferentin der österreichischen Blasmusikjugend. 2007. Musizieren mit hörgeschädigten Kindern. Abgerufen am 10.05.2014 von http://www.winds4you.at/files/Musizieren_mit_hoergeschaedigten-Kindern.pdf

De Lorent, Bildungszentrum für Blinde und Sehbehinderte Hamburg. 2014. Trommel-AG. Abgerufen am 10.05.2014 von http://www.hh.schule.de/blindenschule/trommeln.html

Spielwagen e.V.. 2014. Allgemeines zu Schulsozialarbeit im Spielwagen e.V. Abgerufen am 20.05.2014 von http://www.spielwagen-magdeburg.de/schulsozialarbeit/allgemeines

Kaufmann, J. & Süss, G., Bachelor Design Projekt „feel the music". 2010. Bachelor Thesis Paper. Abgerufen am 13.05.2014 von http://www.feelthemusic.ch/wp-content/uploads/2010/06/ ba_thesis_feelthemusic.pdf

Lieberwirth, B., Neue Musikzeitung Print. 2007. Landesweite Musikförderung in Sachsen-Anhalt. Abgerufen am 22.06.2014 von http://www.nmz.de/artikel/landesweite-musikfoerderung-in-sachsen-anhalt

Pannes, M., Verband deutscher Musikschulen e.V. 2013. Die beliebtesten Instrumente. Abgerufen am 19.03.2014 von http://www.musikschulen.de/musikschulen/fakten/die-beliebtesten-instrumente/index.html

Pasewark, Wendy, Rhythmisch - musikalische Erziehung von Schülern mit Verhaltensauffälligkeiten. Abgerufen am 09.05.2014 von http://www.foepaed.net/volltexte/pasewark/rhythm.pdf